基层地区
人力资源培训基础概述

郭永良　郭君 —— 著

图书在版编目（CIP）数据

基层地区人力资源培训基础概述 / 郭永良，郭君著
.—哈尔滨：哈尔滨出版社，2023.5
ISBN 978-7-5484-6655-0

Ⅰ.①基… Ⅱ.①郭… ②郭… Ⅲ.①人力资源管理
-研究 Ⅳ.①F243

中国版本图书馆 CIP 数据核字 (2022) 第 152008 号

书　　名：基层地区人力资源培训基础概述
JICENG DIQU RENLI ZIYUAN PEIXUN JICHU GAISHU

作　　者：郭永良　郭　君　著
责任编辑：杨浥新
封面设计：人文在线

出版发行：哈尔滨出版社（Harbin Publishing House）
社　　址：哈尔滨市香坊区泰山路 82-9 号　　邮编：150090
经　　销：全国新华书店
印　　刷：三河市龙大印装有限公司
网　　址：www.hrbcbs.com
E-mail：hrbcbs@yeah.net
编辑版权热线：（0451）87900271　87900272

开　　本：710mm×1000mm　1/16　印张：17.25　字数：167 千字
版　　次：2023 年 5 月第 1 版
印　　次：2023 年 5 月第 1 次印刷
书　　号：ISBN 978-7-5484-6655-0
定　　价：76.00 元

凡购本社图书发现印装错误，请与本社印制部联系调换。
服务热线：（0451）87900279

前　言

乡村振兴，人才先行。深入推进职业技能培训是全面贯彻党的二十大精神，保持就业稳定、缓解结构性就业矛盾的关键举措，是推动经济转型升级和高质量发展的重要支撑。近年来，国家各级人力资源和社会保障部门坚持需求导向，立足企业岗位特点和产业发展实际，适应广大城乡劳动者就业创业需要，大力推行终身职业技能培训制度，大规模、多层级、高质量开展职业技能培训，加快建设知识型、技能型、创新型劳动者大军。为持续开展职业技能培训，提高培训针对性和实效性，全面提升劳动者职业技能水平和就业创业能力，甘肃省静宁县人社局就业培训中心郭永良、郭君两位工作人员，结合多年人力资源培训工作实际，联合编纂《基层地区人力资源培训基础概述》一书（全书 16.7 万字，其中郭永良编纂 10 万字，郭君编撰 6.7 万字）。该书围绕人力资源培训和法律法规等方面，采用通俗易懂的语言和形象生动的实例，希望能为深入推进职业技能培训提供指导和帮助。

本书在编写过程中，得到了有关领导和同人的大力支持和热心帮助，在此表示衷心感谢。

由于编者水平有限，加之编写时间仓促，书中难免存在疏漏和不足之处，敬请广大读者朋友不吝赐教。

目　录

第一章　人力资源基础概述

人力资源 (Human Resources，简称 HR) 指在一个国家或地区中，处于劳动年龄、未到劳动年龄和超过劳动年龄，但具有劳动能力的人口之和。或者表述为一个国家或地区的总人口中减去丧失劳动能力的人口之后的人口。人力资源也指一定时期内组织中的人所拥有的能够被企业所用，且对价值创造起贡献作用的教育、能力、技能、经验、体力等的总称。狭义讲就是企事业单位独立的经营团体所需人员具备的能力（资源）。

第一节 人力的基本概念和内涵

一、基本概念

人力是一个汉语词汇。出处《穀梁传·定公元年》。

中英对照：

1. 人力（man power）：（一个国家、社会或工业）可动用的劳动力；可动员的人员；人力资源。

2. 人力（labour power）：人的劳力；人的力量；爱惜人力物力。

二、意义内涵

人力有以下几种意义：

1. 人的劳力，人的力量。

《穀梁传·定公元年》："毛泽未尽，人力未竭，未可以雩。"

《孟子·梁惠王下》："以万乘之国伐万乘之国，五旬而举之，人力不至于此。"

唐柳宗元《辩侵伐论》：“备三有余，而以用其人。一曰义有余，二曰人力有余，三曰活食有余。”

冰心《我的学生》：“物力还应当爱惜，何况人力？”

2. 劳动力。指从事劳作的人。

《南史·萧秀传》：“郢州地居冲要，赋敛厌烦，人力不堪，至以妇人供作。”

北魏郦道元《水经注·谷水》：“加边方多事，人力苦少。”

宋曾巩《广德军重修鼓角楼记》：“食货富穰，人力有余。”

3. 仆役。

《北史·崔道固传》：“家无人力，老亲自执劬劳。”

宋惠洪《冷斋夜话·云庵活盲女》：“〔云庵〕顾其人力曰：‘汝无妇，可雍以相活。’”

4. 为部队配备的可用人员的总数。采用要求完成的工作、职位和工作岗位等来表示，而这些工作、职位通常用需要的人员数量来描述。

5. 资源：人类社会经济活动可以利用的基本资源有“人、财、物、信息、时间五类”。人的资源体现就是人力。

在人类主观上：一切资源中，人力资源最宝贵。

人力资源中的人力是指在社会经济活动中发挥主观能动性作用的人的各种具体力量的总称。

6. 构成要素：人力的构成有体力、智力、知识与技能四大要素。

第二节　资源的基本概念内涵和属性

资源 (Resources)：经济学名词。资源指一国或一定地区内拥有的物力、财力、人力等各种物质的总称。资源可分为自然资源和社会资源两大类。前者包括阳光、空气、水、土地、森林、草原、动物、矿藏等；后者包括人力资源、信息资源以及经过劳动创造的各种物质财富等。

一、资源分类

资源一般可分为经济资源与非经济资源两大类。经济学研究的资源是不同于地理资源（非经济资源）的经济资源，它具有使用价值，可以为人类开发和利用。

《经济学解说》（经济科学出版社，2000）将“资源”定义为“生产过程中所使用的投入”，这一定义很好地反映了“资源”一词的经济学内涵，资源从本质上讲就是生产要素的代名词。“按照常见的划分方法，资源被划分为自然资源、人力资源和加工资源。”（《经济学解说》，经济科学出版社，2000）

二、资源认识

对自然资源的看法，历来都是以对人与自然关系的认识为基础的。从技术进步和生产力发展的角度来看，经济发展可以分为三个阶段：劳力经济阶段、自然经济阶段和知识经济阶段。

（一）劳力经济

劳力经济是指经济发展主要取决于劳力资源的占有和配置。由于科学技术不发达，人类开发自然资源的能力很低。对多数资源来说，短缺问题并不突出，生产的分配主要是按劳力资源的占有来进行，劳动生产率主要取决于劳动者的体力。

（二）自然经济

传统经济学往往把农业经济叫作自然经济。从资源学的角度，所谓自然经济就是指工业经济，即经济发展主要取决于自然资源的占有和配置。由于科学技术不断发展，人类开发自然资源的能力不断增强，使得大多数可认识资源都成为短缺资源。尽管 19 世纪以来工业革命的完成使生产效率大大提高，但铁矿石和煤、石油等发展机器生产的主要资源很快成为短缺资源，开始制约经济发展，因此，这一阶段的经济发展主要取决于自然资源的占有，生产的分配主要按自然资源的占有来进行。

（三）知识经济

知识经济是以知识产业为基础产业的经济，其经济发展主要取决于智力资源的占有和配置。随着科学技术的高速发展，科学成果转化为产品的速度大大加快，形成知识形态生产力的物化，人类认识资源的能力、开发富有资源替代短缺资源的能力大大增强。因此，自然资源的作用退居次要地位，科学技术成为经济发展的决定因素。

在经济社会发展的这三个阶段中，人与自然的关系经历了天命论、决定论、或然论、征服论等多种认识阶段与相应的处理方式，才进入到协调论的现代，即人、自然和技术这个大系统应该处于动态平衡状态。在工业时代，人类对资源采取耗竭式的占有和使用方式，不断使人与自然这个大系统产生强大震动。人与自然不能协调发展，使得经济不能持续发展，不断出现能源危机，导致人类生活不能稳步提高，时常出现巨幅涨落。进入现代社会，人们逐渐悟出，人类只不过是人与自然这个大系统中的一个要素，必须和其他要素协调发展，力争在发展过程中始终处于动态平衡状态，实现可持续发展的关键在于协调人与自然的关系、自然与经济的关系。

三、新的资源观

在知识经济条件下，对某种资源利用的时候，必须充分利用科学技术知识来考虑利用资源的层次问题，在对不同种类的资源进行不同层次的利用的时候，又必须考虑地区配置和综合利用问题。这就是“新资源观”，是在知识经济条件下解决资源问题的认识基础。

（一）资源系统

资源系统观是资源观中最核心的观点。只有当人类充分认识到自己是人与自然大系统的一部分的时候，才可能真正实施与自然协调发展。而且，也只有当人类把各种资源都看成人与自然这个大系统中的一个子系统，并正确处理这个资源子系统与其他子系统之间的关系时，人类才能高效利用这种资源。

（二）资源辩证

以新的资源观看待资源问题时，人们应当正确处理几个重要的资源矛盾关系：

1. 资源的有限性与无限性问题。自然资源就其物质性而言是有限的，然而人类认识、利用资源的潜在能力是无限的。片面的悲观和盲目乐观都是不正确的。

2. 资源大国与资源小国问题。分析一国的资源情况既要看到宏观上综合经济潜力巨大的因素，又要清醒地认识到在微观上人均可利用资源限度的现实问题。

3. 资源的有用性与有害性问题。

4. 资源的量与质问题。

5. 资源的短缺、过剩与成本的变化问题。

（三）资源层次

资源是相对于人类认识和利用的水平来区分层次的，材料、能源、信息是现实世界三项可供利用的宝贵资源，而整个人类的文明又可根据人类对这三项资源的开发和利用划分层次。

人类社会的发展是由生产力和生产关系的矛盾运动发展决定的。起初，人类最先学会了利用材料来加工制作简单的生产工具，提高劳动生产力，但仅用材料来制作的工具是一种“死的工具”，要靠人力来驱动和操作，这大体是农业—手工业时代生产力的情形；后来人类进一步学会了利用能量资源，把材料和能量结合在一起制造新型生产工具，使原来“死的工具”变成了“活的工具”，但这种工具还是要靠人来驾驭和操纵，劳动生产力的提高仍受到人的身体因素的限制，这大体是工业时代的社会生产力的情形。到了现代，人类逐渐学会开发和利用信息资源，并把材料和能量同信息有机地结合起来，创造了不仅具有动力驱逐而且具有智能控制的先进工具系统，为社会生产力的发展开辟了无限广阔的前景。在传统经济中，人们对资源的争夺主要表现在占有土地、矿藏和石油等。而今天，信息资源日益成为人们争夺的重点。这大体是信息时代生产力的情形。

（四）资源开放

知识经济是世界一体化的经济，资源的开放观是从地区到全球，从微观到宏观，从局部到整体，在不同层次上都要确立的一种基本观点。中国地区差别很大，资源组合错位，地区间的资源具有很强的互补性和动态交流的必然性。以资源的开放观为指导，就是要打破地区经济封锁以实现产业结构动态优化，合理配置资源。

（五）资源动态

资源动态平衡观是可持续发展的理论基础。在人与自然大系统中，人的发展变化要依靠开发利用自然资源，而自然资源系统由于自身动因和人的作用也在发展变化，在发展过程中人与自然要达到动态平衡，同时也需要地区间的资源互补和动态交流，防止资源组合错位的差距。

今天人们对自然资源保证的估计，必须考虑高技术因素的影响。以智力资源为主要依托的知识经济是世界经济发展的必然趋势，是不以人们的主观意识为转移的。以信息技术、生物技术、新能源技术及新材料技术为核心的高技术将极大地改变世界面貌和人类生活。盲目的资源悲观论是没有根据的，但是如不下大力气实抓基础研究、可能有所突破的应用研究和高技术产业化，将来就可能制约人的发展。因此，在知识经济发展的条件下，所谓资源保证，关键在于这些高技术的科学应用，可以达到商用阶段，以便在经济生活中用富有资源替代短缺资源。目前的最新研究及实际发展成果表明，绝大多数高技术的应用期的预测都是提前的，这也证实了科学技术的加速发展趋势。因此，人们对前景持谨慎的乐观态度是有道理的。

（六）系统分类

在人类经济活动中，各种各样的资源之间相互联系、相互制约，形成一个结构复杂的资源系统。每一种资源内部又有自己的子系统。资源系统可从性质上分为两大类：

1. 自然资源。自然资源一般是指一切物质资源和自然产生过程，通常是指在一定技术经济环境条件下对人类有益的资源。

自然资源可从不同的角度进行分类。从资源的再生性角度可划分为再生资源和非再生资源：

（1）再生资源。即在人类参与下可以重新产生的资源，如农田，如果耕作得当，可以使地力常新，不断为人类提供新的农产品。再生资源有两类：一类是可以循环利用的资源，如太阳能、空气、雨水、风和水能、潮汐能等；另一类是生物资源。

（2）非再生资源或耗竭性资源。这类资源的储量、体积可以测算出来，其质量也可以通过化学成分的百分比来反映，如矿产资源。

2. 社会经济资源和技术资源。自然资源、社会经济资源、技术资源通常被称为人类社会的三大类资源。社会经济资源又称社会人文资源，是直接或间接对生产发生作用的社会经济因素。其中人口、劳动力是社会经济发展的主要条件。

技术资源广义上也属于社会人文资源，其在经济发展中愈易起着重大作用。技术是自然科学知识在生产过程中的应用，是直接的生产力，是改造客观世界的方法、手段。技术对社会经济发展最直接的表现就是生产工具的改进，不同时代生产力的标尺是不同的生产工具，主要是由科学技术来决定的。在当代，科学技术对生产力发展的巨大推动作用，集中表现在邓小平的论断“科学技术是第一生产力”。

（七）资源系统特点

1. 自然资源系统

根据人类对自然资源的认知度，其主要特点是：

（1）自然资源分布的不平衡性和规律性。

（2）自然资源的有限性和无限性（现实资源是有限的，但开发利用及转化是无限的）。

（3）自然资源的多功能性。

（4）自然资源的系统性。

2. 社会资源系统

社会资源同自然资源相比较，具有以下突出特点：

（1）社会性。人类本身的生存、劳动、发展都是在一定的社会形态、社会交往、社会活动中实现的。劳动力资源、技术资源、经济资源、信息资源等社会资源无一例外。社会资源的社会性主要表现在：

① 不同的社会生产方式产生不同种类、不同数量、不同质量的社会资源。

② 社会资源是可超越国界、超越种族关系的，谁都可以掌握和利用它创造社会财富。

（2）继承性。社会资源的继承性特点使得社会资源不断积累、扩充、发展。知识经济时代就是人类社会知识积累到一定阶段和一定程度的产物，就是积累到“知识爆炸”，使社会经济发展以知识为基础，这种积累使人类经济时代发生了一种质变，即从传统的经济时代（包括农业经济、工业经济，农业经济到工业经济有局部质变）飞跃到知识经济时代，这是信息革命、知识共享必然的结果。社会资源的继承性主要通过以下途径实现：

① 人力资源通过人类的遗传密码继承、延续、发展。

② 通过载带信息的载体长期保存、继承下来。人类社会通过书籍、音像、磁带和教育手段等，继承人类的精神财富。

③ 劳动创造了人本身，人又把生产劳动中学会的知识、技能物化在劳动的结果——物质财富上而继承下来。

社会资源的继承性，使人类社会的每一代人在开始社会生活的时候，都不是从零开始，而是从前人创造的基础上迈步的。在社会经济活动中，人类一方面把前人创造的财富继承下来，另一方面又创造了新的财富。也正因为这样，科技知识不断发展，一代胜过一代，并向生产要素中渗透，使劳动者素质不断提高，生产设备不断更新，科研设备得到改进，并提高经营管理水平。社会财富的积累、反过来又加速了科技的发展。

（3）主导性。社会资源的主导性主要表现在以下两个方面：

① 社会资源决定资源的利用、发展的方向。

② 把社会资源变为社会财富的过程中，它表现、贯彻了社会资源的主体——人的愿望、意志和目的。这就是马克思讲的“最蹩脚的建筑师从一开始就比灵巧的蜜蜂高明的地方”。（《马克思恩格斯全集》第 23 卷，人民出版社 1972 年版第 202 页。）

（4）流动性。社会资源流动性的主要表现是：

① 劳动力可以从甲地迁到乙地。

② 技术可以传播到各地。

③ 资料可以交换，学术可以交流，商品可以贸易。

利用社会资源的流动性，不发达国家可以通过相应的政策和手段，把他国的技术、人才、资金引进到自己的国家。中国改革开放、开发特区的理论依据也含有这方面的内容。

第三节　人力资源的基本概念内涵和属性

一般来说，经济学上的资源指的是通过使用或直接可以为企业、社会产生效益的东西，如土地、人、设备、厂房等。现代企业很多都是以项目管理的形式组织企业生产与管理。资源管理是项目管理中的一个重要组成部门。在项目管理中的资源，更多的时候指的“人”，即可使用的项目组人员。另外，也有用于指需要用于项日管理中的项日设备。

一、定义

人力资源 (Human Resources，简称 HR) 指在一个国家或地区中，处于劳动年龄、未到劳动年龄和超过劳动年龄但具有劳动能力的人口之和。或者表述为：一个国家或地区的总人口中减去丧失劳动能力的人口之后的人口。人力资源也指一定时期内组织中的人所拥有的能够被企业所用，且对价值创造起贡献作用的教育、能力、技能、经验、体力等的总称。狭义讲就是企事业单位独立的经营团体所需人员具备的能力（资源）。

二、具体含义

人力资源可以从广义和狭义两个方面定义：

广义：一个社会具有智力劳动能力和体力劳动能力的人的总和，包括数量和质量两个方面。

狭义：组织所拥有的用以制造产品和提供服务的人力。

三、概念辨析

（一）人口、人才资源

人口资源是指一个国家或地区所拥有的人口的总量，它是一个最基本的底数，一切人力资源机构、人才资源皆产生于这个最基本的人口资源中，它主要表现为人口的数量。

人才资源是指一个国家或地区中具有较多科学知识、较强劳动技能，在价值创造过程中起关键或重要作用的那部分人。人才资源是人力资源的一部分，即优质的人力资源。

（二）三者关系

应当说这三个概念的本质是有所不同的，人口资源和人才资源的本质是人，而人力资源的本质则是脑力和体力，从本质上来讲它们之间并没有什么可比性。就人口资源和人才资源来说，它们关注的重点不同，人口资源更多是一种数量概念，而人才资源更多是一种质量概念。但是这三者在数量上却存在一种包含关系。在数量上，人口资源是最多的，它是人力资源形成的数量基础，人口资源中具备一定脑力和体力的那部分才是人力资源；而人才资源又是人力资源的一部分，是人力资源中质量较高的那部分也是数量最少的。在比例上，人才资源是最小的，它是从人力资源中产生的，而人力资源又是从人口资源中产生的。

（三）人力资本联系与区别

联系：人力资源和人力资本都是以人为基础而产生的概念，研究的对象都是人所具有的脑力和体力，从这一点看两者是一致的。而且，现代人力资源管理理论大多都是以人力资本理论为根据的；人力资本理论是人力资源管理理论的重点内容和基础部分；人力资源经济活动及其收益的核算是基于人力资本理论进行的；两者都是在研究人力作为生产要素在经济增长和经济发展中的重要作用时产生的。

区别：首先，在与社会财富和社会价值的关系上，两者是不同的。人力资本是由投资形成的，强调以某种代价获得的能力或技能的价值，投资的代价可在提高生产力过程中以更大的收益收回。因此，劳动者将自己拥有的脑力和体力投入生产过程中参与价值创造，就要据此来获取相应的劳动报酬和经济利益，它与社会价值的关系应当说是一种由因索果的关系。

而人力资源则不同，作为一种资源，劳动者拥有的脑力和体力对价值的创造起了重要贡献作用，人力资源强调人力作为生产要素在生产过程中的生产、创造能力，它在生产过程中可以创造产品、创造财富，促进经济发展。它与社会价值关系应当说是一种由果溯因的。

其次，两者研究问题的角度和关注的重点也不同。人力资本是通过投资形成的存在于人体中的资本形式，是形成人的脑力和体力的物质资本在人身上的价值凝结，是从成本收益的角度来研究人在经济增长中的作用，它强调投资付出的代价及其收回，考虑投资成本带来多少价值，研究的是价值增值的速度和幅度，关注的重点是收益问题，即投资能否带来收益，以及带来多少收益的问题。人力资源则不同，它将人作为财富的来源来看待，是从投入产出的角度来研究人对经济发展的作用，关注的重点是产出问题，即人力资源对经济发展的贡献有多大，对经济发展的推动力有多强。

最后，人力资源和人力资本的计量形式不同。众所周知，资源是存量的概念，而资本则兼有存量和流量的概念，人力资源和人力资本也同样如此。人力资源是指一定时间、一定空间内人所具有的对价值创造起贡献作用，并且能够被组织所利用的体力和脑力的总和。而人力资本，如果从生产的角度看，往往是与流量核算相联系的，表现为经验的不断积累、技能的不断增进、产出量的不断变化和体能的不断损耗；如果从投资活动的角度看没有与存量核算相联系，表现为投入到教育培训、迁移和健康等方面的资本在人身上的凝结。

四、六大特征

（一）能动性

人具有主观能动性，能够有目的地进行活动，有目的地改造外部物质世界。其能动性体现在三个方面。

（二）两重性

人力资源与其他任何资源不同，是属于人类自身所有，存在于人体之中的活的资源，因而人力资源既是生产者，同时又是消费者。人力资源中包含丰富的知识内容，使其具有巨大的潜力，以及其他资源无可比拟的高增值性。

（三）时效性

人力资源与一般资源如矿产资源不同，矿产资源一般可以长期储存，不采不用，品质不会降低。人力资源则不然，储而不用，才能就会被荒废、退化。工作性质不同，人的才能发挥的最佳期也不同。一般而论，25 岁到 45 岁是科技人才的黄金年龄，37 岁为其峰值。时效性要求人力资源开发要抓住人的年龄最有利于职业要求的阶段，实施最有力的激励。

（四）社会性

人力资源处于特定的社会和时代中，不同的社会形态、不同的文化背景都会反映和影响人的价值观念、行为方式、思维方法。人力资源的社会性要求在开发过程中特别注意社会政治制度、国别政策、法律法规、文化环境的影响。

（五）连续性（持续性）

人力资源是可以不断开发的资源，不仅人力资源的使用过程是开发的过程，培训、积累、创造过程也是开发的过程。

（六）再生性

人力资源是可再生资源，通过人口总体内各个个体的不断替换更新和劳动力的“消耗——生产——再消耗——再生产”的过程实现其再生。人力资源的再生性除受生物规律支配外，还受到人类自身意识、意志的支配，人类文明发展活动的影响，新技术革命的制约。

五、八大特性

人力资源特性是指人力资源所具有的特殊性，是其他资源所不具备的特殊素质，是人力资源科学性、实践性的表现。

（一）不可剥夺性

人力资源是人的价值意义的内在贮存与外在表现，它是同人的生命力密不可分的，是同人的尊严与权益相联系的。不可剥夺性主要表现为：

1. 不能压取，不能骗取，不能夺取；

2. 一切不科学的办法都将造成人力资源的浪费；

3. 一切不正当的手段都将带来人力资源的破坏；

4. 尊重、支持、满足人的需要是发挥人力资源作用的最佳方法。

因此，不能剥夺，只能在任用中通过良好的管理与开发让其自觉运用与发挥。

（二）生物性

生物性是人力资源行为特征的因由与结果。生物性既存在双向的物质运动，也存在双向的精神运动，还具有单向的抵抗运动。生物性必然带来人力资源使用与开发的艰巨性与复杂性。

（三）社会性

人力资源的社会性主要表现为信仰性、传统性、人群性、时代性、地域性、国别性、民族性、职业性、层级性、文化性。社会性反映出人的立场观点、伦理道德、价值取向、思维方式与行为模式，为人力资源开发提供了基本思想依据。

（四）时效性

人力资源的培养、贮存、运用与同人的年龄有直接关系的。不同年龄阶段反映出人力资源不同类别发挥的不同程度。这种不同时效的反映，也是一种自然规律制约的结果。它为人力资源使用的社会政策与技术手段提供了重要参考。如青少年时期，主要是培养教育资源增存阶段；青中年时期，主要是资源运用与发挥时期；老年时期，主要是剩余资源价值发掘阶段。人力资源的时效性显示出用时有效，用必及时，用逢其时，过时效用不大或无效用；用必须因类而不同，因目的而不同。

（五）资本积累性

人力资源是经济与社会发展的活资本，是最现实的生产力。这种资本是靠不断地培养、教育、维护而形成的，是投资长期积累的结果。其结果显示出三个方面的内容：

1. 投资伴随人的终生，资本的积累也伴随人的终生；

2. 由投资形成的这种活动资本量具有反复利用性；

3. 滚动式的资源（资本）运用发挥形式，必然造成无限增值性。资本积累性要求在人力资源管理与开发过程中，必须加大投资以支持良好的培养、教育和维护。

（六）激发性

激发来源于人的满足需求心理。人力资源的激发性在实践中表现为拉动力量的激发，协同与启示力量的激发，推动力量的激发，刺激力量的激发。激发性为潜能开发提供了理论方法，是激励机制的出发点。

（七）能动性

能动性是人在自我价值实现中的自主运动行为，是人力资源作用发挥的前提。能动性表现为正向能动与负向能动，其对社会的作用意义是不同的。人力资源的政策应使其充分发挥正向能动，减少和避免负向能动。

（八）载体性

载体性是人力资源具备装载、运输、传递的能力，是不可剥夺性的必然结果。人力资源的载体性取决于三个方面的内容：

1. 确实有能力承载；

2. 确实承载了有用资源；

3. 确实能输出承载之源。人力资源的载体性，为人才的交流提供了前提条件。

第二章　人力资源培训基本概念概述

人力资源培训可用来培训与开发员工的方法多种多样，根据培训目标确定恰当的培训方法与技术，能够提高培训成效并降低成本。

第一节 人力资源培训的基本概念和属性

一、人力资源培训的方法

（一）企业自主培训

由企业人力资源部培训主管或企业各层管理人员、公司老板等，根据企业人力资源战略和年度培训计划对相关人员进行培训。此方法以企业内的管理层作为培训讲师或在培训部门设专职的内部培训师。有两种做法：一是内部的管理层作为主讲讲师，且根据企业内部的培训资料，对员工进行专门培训，他们不是专职的培训讲师，但根据实际情况可以外派参加外部培训课程；二是专职内部培训师去外面听各种公开课，然后回到企业将所学知识“转授”给企业内部人员。这种培训针对性强，效果明显。

（二）外聘讲师培训

聘请专业的培训老师，针对某一具体的内容给企业相关人员进行培训。企业一般从外面聘请有实战经验的老师进行内部培训。这样做的好处是可以针对影响公司绩效的迫切问题量身定做。“他山之石，可以攻玉”，外聘老师可以给企业带来解决问题的新思维、新方法，而且互动性强、训练强度高、技能提升快，受到越来越多的企业欢迎。“外来的和尚会念经”，有的企业领导“借”外部讲师之口传达资金的敏感理念，会有不一样的效果。这种培训专业性、技术性强，需要企业实施时进行转化。

（三）与专业培训机构合作

与专业的培训机构长期合作，形成互动机制，由双方根据企业情况，制订具体培训计划，由专业的培训老师对企业相关人员进行培训。这种培训结合了上面两种培训的优点。

（四）外培

将企业需要培训的人员送出去，到专业培训机构和院校进行深造学习。这种培训系统性强，重点是知识和理念学习，一般适合高层管理人员。一些企业管理顾问公司推出面向广大企业的公开课，场面极其火爆，当然，企业就要根据其需求选择好所需参加的课程项目。参加外训的目的就是提高今后的工作能力，同时企业也是为今后内训培养储备主讲讲师。

二、人力资源培训的组织形式

组织形式包括班前、班后、周会、脱产封闭、半脱产等形式。

三、人力资源备考的方法

（一）制订学习计划

参照老师给出的总体学习计划，根据自己的时间，制订具体合理的学习计划。例如，多少天内内浏览完某本书、每天学习多少内容等。学会合理利用时间，循序渐进，打牢基础。

（二）教材和培训课程相结合

近年对于知识点的考查越来越细致，在老师培训课程的辅助下抓住重点、难点、历年考点的同时，结合教材，以预习教材——学习课程——查漏补缺的顺序进行全面细致的学习。

（三）高效利用题库

第一步，每日一练。每天接触不同的题目，这不仅是一个知识量积累的过程，也是考试获得成功的关键前提。

第二步，章节练习。有针对性地对知识点进行章节练习，后期可以根据错题本，对自己较薄弱的环节进行加强练习。

第三步，历年真题。做近几年的真题，掌握考试重点，了解考试出题的方向，学习答题技巧，同时对考试题型也会有一定的熟悉。

第四步，模拟试题和仿真机考。检测之前的学习成果，了解和熟悉机考的形式，让自己提前适应考试的紧张感和节奏感，轻松迎接考试。

（四）把握冲刺阶段

通过前期学习，打下一定的基础后，在临考的一个月的时间里，利用好冲刺阶段的学习资料，迅速归纳学习重点、难点、新增考点。

四、提升人力资源培训的技巧

（一）坚持以人为本

所谓的以人为本实际上就是以人为中心来组织实施企业的相关工作。人并不是企业的工具，而是具有创造力、活力的资源，在知识经济时代，只有充分认识到人的作用，发挥人力资本的作用，才能更好地促进企业的发展。为此，企业应该加大在人才开发、使用、管理方面的投入，挖掘员工的潜能，使其发挥最大的作用，实现经济效益的最大化。此外，还应该尊重员工，维护员工的利益，将以往的控制变为关心和尊重，不但要在物质方面满足其需求，还需要在精神上给予其必要的激励，为其营造良好的工作环境，这样才能吸引和挽留更多的人才，促进企业的可持续发展。

（二）明确培训方向

随着知识经济的发展，高新技术产业将成为未来经济的发展方向，脑力劳动将发挥日益重要的作用。在以信息技术为支撑的今天，企业要将传统发展模式转换到知识、技术的使用和开发上来，大量培养知识型人才。只有将人力资源充分转化为人力资本，将企业员工的知识转化为企业的技术和科研实力，才能更好地促进企业的长远发展。

（三）营造创新文化

随着现代管理科学的发展，企业文化逐渐成为企业管理的重要工具。为了更好地促进企业的发展，应该构建独特的企业文化，在把握传统企业精神的基础上，融入现代的管理思想，逐渐规范企业的价值观念和行为规范，这样才能更好地完善企业的规章制度和行为规范，产生向心力，这样就能使员工养成良好的行为习惯。人才观是企业文化的重要方面，为此，企业应该为人才创造良好的工作氛围，鼓励员工创新，加强在科研技术方面的投入，激励挑战性思维，增强员工对现实状态的思考，吸引更多的优秀人才参与企业的建设。除了上述方面，还应该建立学习型企业，建立以知识为基础的企业发展模式，这样才能更好地提升企业的竞争地位。

（四）加强培训评估

企业人力资源培训并不是一个简单的培训内容的传输，而是一个系统的体系。在实际的培训过程中，我们应该注重培训效果的评估，要将评估的结果和员工的切身利益结合在一起，建立完善的奖惩制度。具体的培训应该具有针对性，有些培训适合直接，有些培训适合间接，有些应该采取长期培训，而有些应该采取短期的培训。鉴于培训的复杂性，应该以相应的量化指标来对其进行评估，这样才能更好地对人力资源培训的问题进行纠偏，从而逐步完善相应的人力资源培训规划和流程，这样才能更好地管理整个人力资源培训体系。

五、人力资源培训的基本方法

（一）演示法

演示法是指受训者处于被动的信息接收者地位的一种培训方式。这种方式在向人们介绍新事物、新信息，以及解决问题的新方法、新程序时比较有效。

（二）讲授法

讲授法又叫讲解法，它包括课堂讲授、举办讲座等形式。讲授法一般是指教师以语言为主在课堂上向学员们进行知识内容的讲解传授，有时还辅以文字、图形、问答等形式的培训方式。讲授法最适合以简单的方式获取知识为目标的情形。

（三）视听法

视听法主要是指利用投影、幻灯、声带、录像等视听技术手段来实施培训的方法。这种方法可用预先录制的内容展示行为、技术或说明问题，还可用来录制和重放受训者在课程中的表现，被广泛用于提高受训者的沟通技能、面谈技能、服务技能等。

远程学习又称远程教育，主要是指利用闭路电视、电话、电子文件、互联网等电子信息和传媒技术，对那些距离远、分布散的员工所进行的多点位、大区域的教育培训。

（四）内行传授法

内行传授法也叫传递法，它主要是指要求学习者积极参与学习，在专家内行的言传身教、耳提面命，以及个人的参与互动行为过程中，进行培训与开发的一些方式。这类方法在开发员工的特定技能、体验特定任务的完成过程和内容，学习处理人际关系问题，理解特定知识、技能、行为如何应用于实际当中等培训与开发项目中十分有效。这类方法常用的有在职培训、情景模拟、商业游戏、案例研究、角色扮演、行为塑造、交互式录像、互联网培训等。这里具体介绍在职培训、情景模拟、案例研究和角色扮演这四种方法。

（五）团队建设法

团队建设法又称团队建设培训法或团队学习法，主要是指让受训者分享各种经历和观点，理解动态的人际关系及其力量，树立起对群体或团队的认同感，审视自身和同事的优缺点，并恰当对待之，从而提高群体或团队或绩效的一类培训与开发方法。团队建设培训法主要包括冒险学习、团队培训、行动学习等方法。

（六）游戏培训法

当前较先进的高级训练法，培训的对象是企业中较高层次的管理员工。与案例研讨法相比较，管理游戏法具有更加生动、更加具体的特点。在研讨法中，受训人员会在人为设计的理想化条件下，较轻松地完成决策。而管理游戏法则因游戏的设计使学员在决策过程中会面临更多切合实际的管理矛盾，决策成功或失败的可能性都同时存在，需要受训员工积极地参与训练，运用有关的管理理论与原则、决策力与判断力对游戏中所设置的种种遭遇进行分析研究，采取必要的有效办法去解决问题，以争取游戏的胜利。

（七）职位扮演法

职位扮演法又称角色扮演法，也是一种模拟训练方法。适用的对象为实际操作或管理人员，由受训人员扮演某种训练任务的角色，使他们真正体验到所扮演角色的感受与行为，以发现及改进自己原先职位上的工作态度与行为表现。多用于改善人际关系的训练中。人际关系上的感受常因所担任的职位不同而不同。为了增进对对方情况的了解，在职位扮演法训练中，受训人员常扮演自己工作所接触的对方的角色而进入模拟的工作环境，以获得更好的培训效果。采用职位扮演法培训时，扮演角色的受训人员数量有限，其余受训人员则要仔细观察，对角色扮演者的表现用“观察记录表”方式，对其姿势、手势、表情和语言表达等项进行评估，以达到培训的效果。观察者与扮演者应轮流互换，这样就能使所有受训者都有机会参加模拟训练。

（八）网上课程法

网上课程法适合于具有很好的自觉性、自制力、理解力的员工。目前，互联网上有各式各样的课程可供选择，价格也相对便宜。

（九）阅读书籍法

虽然没有互动性，但可以随时随地学习，直接成本最低。要在茫茫书海中找到适合你的书籍，需要花一些工夫儿。可以通过老板、同事或朋友介绍，加入读书俱乐部、读书论坛等。值得注意的是，要尽可能地看原著。如果总读第二、第三作者的著作简介，表面上是吃了顿经济实惠的快餐，其实是丢掉了精华。

第二节　人力资源培训计划和内容

模块一：人力资源管理概述

一、人力资源的特点

（一）能动性

劳动者总是有目的、有计划地运用自己的劳动能力。有目的的活动，是人类劳动与其他动物本能活动的根本区别。劳动者按照在劳动过程开始之前已确定的目的，积极、主动、创造性地进行活动。

（二）再生性

从劳动者个体来说，他的劳动能力在劳动过程中消耗之后，通过适当的休息和补充需要的营养物质，劳动能力又会再生产出来；从劳动者的总体来看，随着人类的不断繁衍，劳动者又会不断地再生产出来。因此，人力资源是取之不尽用之不竭的资源。

（三）增值性

人力资源的再生产过程是一种增值的过程。从劳动者的数量来看，随着人口的不断增多，劳动者人数会不断增多，从而增大人力资源总量；从劳动者个人来看，随着教育的普及和提高，科技的进步和劳动实践经验的积累，他的劳动能力会不断提高，从而增大人力资源存量。

（四）时效性

作为人力资源的劳动能力只存在于劳动者个体的生命周期之中。一般来说，人在 16 岁之前，是其劳动力形成的过程，还不是现实的劳动能力；16 岁之后才能形成现实的劳动能力，并一直保持到 60 岁左右；60 岁之后，人的劳动能力进入衰退期；人一旦死亡，其劳动能力也跟着消亡。因此，开发和利用人力资源要讲究及时性，以免造成浪费。

二、人力资源管理的基本原理

（一）投资增值原理

1. 投资增值原理是指对人力资源的投资可以使人力资源增值，而人力资源增值是指人力资源品位的提高和人力资源存量的增大。

2. 劳动者劳动能力的提高主要靠两方面投资：一是营养保健投资和；二是教育培训投资。

3. 任何一个人，要想提高自己的劳动能力，就必须在营养保健和教育培训方面进行投资；任何一个国家，要想增加本国人力资源存量，都必须加强教育投资，完善社会医疗保健体系。

（二）互补合力原理

1. 所谓互补，指的是人各有所长也各有所短，以己之长补他人之短，从而使每个人的长处得到充分发挥，避免短处对工作的影响。

2. 互补是现代人力资源管理的要求，它要求一个群体内部各个成员之间应该是密切配合的关系。互补产生的合力比之单个人的能力简单相加而形成的合力要大得多。

3. 个体与个体之间的互补主要是指以下几方面：

（1）特殊能力互补。

（2）能级互补，即能力等级的互补。

（3）年龄互补。

（4）气质互补。

（三）激励强化原理

激励强化指的是通过对员工的物质的或精神的需求欲望给予满足的许诺，来强化其为获得满足就必须努力工作的心理动机，从而达到充分发挥积极性，努力工作的结果。

（四）个体差异原理

1. 个体差异包括两方面的内容：一是能力性质、特点的差异，即能力的特殊性不同；二是能力水平的差异。承认人与人之间能力水平上的差异，是为了在人力资源的利用上坚持能级层次原则，各尽所能，人尽其才。

2. 在人力资源管理中，能级层次原理指的是：具有不同能力层次的人，应安排在要求相应能级层次的职位上，并赋予该职位应有的权力和责任，使个人能力水平与岗位要求相适应。

3. 个体差异原理要求做到以下几点：

（1）组织中的所有职位，都要根据业务工作的复杂程度、难易程度、责任轻重及权力大小等因素，统一划分出职位的能级层次。

（2）不同的能级应该有明确的责权利。责不交叉，各负其责；权要到位，责权相应；利与责权相适应，责是利的基础。要做到在其位，谋其政，行其权，取其利。

（3）各人所对应的能级不是固定不变的。当一个人的能力层次上升了，他所对应的职位能级必然发生变化。

（五）动态适应原理

动态适应原理是指人力资源的供给与需求要通过不断的调整才能求得相互适应；随着事业的发展，适应又会变为不适应，又要不断调整达到重新适应。这种不适应—适应—再不适应—再适应是循环往复的过程。

三、人力资源管理的三个阶段

（一）现场事务管理阶段

现场事务管理一般指管理者一般在现场以保证工作任务完成为目的进行的人为资源管理。它没有专门的人力资源部门与工作人员，管理的内容主要是处理人事矛盾、人员调配与劳动监督。

（二）档案业务管理

档案业务管理，一般指在办公室而非现场进行的一种间接性人力资源管理。这种管理有专门的办公室与专业工作人员，管理的内容是比较专业化的人员招聘、甄选、配置、培训、考评、薪酬等。

（三）指导协调管理

指导协调管理属于一种专家型的咨询指导式管理。在这种管理方式中，人力资源部所有的人员都是专家，主要负责人力资源管理政策、制度与技术的研究与制订；负责政策与制度执行的督促与检查；负责人力资源管理技术与方案的咨询与指导；负责人力资源发展战略的咨询与贯彻，当组织领导的高参。

四、人力资源管理功能

（一）对企业决策层

人、财、物、信息等，可以说是企业管理关注的主要方面，人又是最为重要的、活的、第一资源，只有管理好了“人”这一资源，才算抓住了管理的要义、纲领，纲举才能目张。

（二）对人力资源管理部门

人不仅是被管理的“客体”，更是具有思想、感情、主观能动性的“主体”，如何制订科学、合理、有效的人力资源管理政策、制度，并为企业组织的决策提供有效信息，永远都是人力资源管理部门的课题。

（三）对一般管理者

任何管理者都不可能是一个“万能使者”，更多的应该是扮演一个“决策、引导、协调”属下工作的角色。他不仅仅需要有效地完成业务工作，更需要培训下属，开发员工潜能，建立良好的团队组织等。

（四）对一个普通员工

任何人都想掌握自己的命运，但自己适合做什么、企业组织的目标、价值观念是什么、岗位职责是什么、自己如何有效地融入组织中、结合企业组织目标如何开发自己的潜能、发挥自己的能力、如何设计自己的职业人生等，这是每个员工十分关心，而又深感困惑的问题。我们相信现代人力资源管理会为每位员工提供有效的帮助。

模块二：招聘与录用

一、人员招聘的原则

（一）准确的原则

所谓准确是指在招聘过程中能准确地预测应征者的工作表现，因为招聘实际上是一个预测活动，通过面试和各种测试来预测候选人在未来工作中的工作绩效和工作表现。

（二）公平的原则

公平就是确保选拔制度给予合格应征者平等的获选机会。要做到公平，就应注意以下两点：一是一项公平的制度应该包括统一和有效的标准；二是同一职位对所有应征者都应该使用同样的、与工作有关的各项能力作为录用考核的标准，而与工作无关的能力，不予考虑。

二、人员招聘渠道

（一）内部招聘

提拔晋升、工作调换、工作轮换、人员重聘等。

（二）外部招聘

广告招募、推荐、校园招聘、人才交流会、公共服务机构、网络招聘、猎头公司招募等。

三、招聘要求与工作分析

（一）工作分析要素

要进行工作分析，首先必须弄清该项工作有哪些要素构成，以及具体含义是什么。一般来说，工作分析包含的要素有七个：

1. 什么职位

工作分析首先要确定工作名称、职位。即在调查的基础上，根据工作性质、工作繁简难易、责任大小及资格等四个方面确定各项工作名称，并进行归类。

2. 做什么

即应具体描述工作者所做的工作内容，在描述时应使用动词，如包装、装载、刨、磨、检测、修理等。

3. 如何做

根据工作内容和性质，确定完成该项工作的方法与步骤，这是决定工作完成效果的关键。

4. 为何做

要说明工作的性质和重要性。

5. 何时完成

完成工作的具体时间。

6. 为谁做

该项工作的隶属关系，明确前后工作之间的联系及职责要求。

7. 需要何种技能

完成该项工作所需要的工作技能。如口头沟通技能、迅速计算技能、组织分析技能、联络技能等。

（二）工作说明

工作说明是有关工作范围、任务、责任、方法、技能、工作环境、工作联系及所需要人员种类的详细描述。它的主要功能有：让员工了解工作的大致情况；建立了工作程序和工作标准；阐明了工作任务、责任与职权；有助于员工的聘用与考核、培训等。

（三）工作规范

所谓工作规范就是指完成一项工作所需的技能、知识，以及职责、程序的具体说明，它是工作分析结果的一个组成部分。

（四）甄选测试方法

素质测评：能力测验；个性测验；创造力测验

1. 情境模拟法

2. 公文筐测验

公文筐测验是一种情景模拟测验，是对实际工作中管理人员掌握和分析资料、处理各种信息，以及做出决策的工作活动的一种抽象和集中。测验在假定情境下实施。

3. 无领导小组讨论法

无领导小组讨论是评价中心技术中经常使用的一种测评技术，其采用情景模拟的方式对考生进行集体面试。它通过给一组考生（一般是 5 ~ 7 人）一个与工作相关的问题，让考生们进行一定时间（一般是 1 小时左右）的讨论，来检测考生的组织协调能力、口头表达能力、辩论能力、说服能力、情绪稳定性、处理人际关系的技巧、非言语沟通能力（如面部表情、身体姿势、语调、语速和手势等）等各个方面的能力和素质是否达到应聘岗位的团体气氛，由此来综合评价考生之间的优劣。

4. 角色扮演法

角色扮演（Role-playing）是一种情景模拟活动。所谓情景模拟就是指根据被试者可能担任的职务，编制一套与该职务实际相似的测试项目，将被试者安排在模拟的、逼真的工作环境中，要求被试者处理可能出现的各种问题，用多种方法来测评其心理素质、潜在能力的一系列方法。情景模拟假设解决方法往往有一种以上，其中角色扮演法是情景模拟活动应用的比较广泛的一种方法，通常，角色扮演法适用领导行为培训（管理行为、职位培训、工作绩效培训等），会议成效培训（如何开会、会议讨论、会议主持等），沟通、冲突、合作等。此外，还应用于培训某些可操作的能力素质，如推销员业务培训，谈判技巧培训等。

5. 观察判断法

（1）关键事件法。用于收集工作分析信息的方法之一，由美国学者弗拉赖根和贝勒斯在 1954 年提出。主要针对某一工作中重要的、能导致该工作成功与否的任务和职责要素，将能反映不同绩效水平的、可观察到的行为表现进行描述，作为等级评价的标准进行评定的技术，是通过对工作中最好或最差的事件进行分析，对造成这一事件的工作行为进行认定从而做出工作绩效评估的一种方法。它这种方法的优点是针对性比较强，对评估优秀和劣等表现十分有效，缺点是对关键事件的把握和分析可能存在某些偏差。

（2）背景调查法。指从外部求职者提供的证明人或以前工作的单位那儿收集资料，来核实求职者的个人资料的行为，是一种能直接证明求职者情况的有效方法。背景调察既可在候选人面试之前也可在其后进行。这会花费一定的时间和财力，但值得去做。就是要通过一系列的手段判断出应聘者与企业需求是否匹配，包括三种：一是个人技能与岗位要求的匹配；二是个人素质与企业文化的匹配；三是个人规划与企业愿景的匹配。判断以上三者是否匹配，主要是以面试和背景调查相结合，通过背景调查来验证面试结论，从而得出考察结论。

四、录用过程

（一）薪酬谈判

薪酬谈判不是薪酬商量，而是按照公司薪酬体系主动影响应聘者。因此，招聘经理一定要坚持企业薪酬的底线，不要轻易改变立场，更不能随意改变自身薪酬体系，因为公司要招聘的是合适的人才，这种合适包括薪酬的合适。即使需要调整，也是在核心部分不变动的情况下，对非核心部分进行一定程度的灵活变化，招聘经理必须维护薪酬体系的相对刚性与稳定性。因此，招聘经理要把自己当成甲方的角色，掌握主动权，而不要变成乙方的角色，让对方轻易影响自身对薪酬的判定，一旦出现这种局面，就是失败谈薪的开始。

（二）录用决策

录用决策是指通过科学的精确测算，对岗位和所招聘的人选相互之间进行权衡，实现人适其岗、岗得其人的合理匹配的过程。人员录用决策，涉及人员录用标准、影响人员录用的因素、人员录用决策方法和程序。

五、新员工入职与培训

（一）新员工培训的种类

1. 团队类培训。

2. 公司经营类培训。

3. 业务类培训。

4. 基础管理类培训。

（二）新员工培训的方式

1. 讲授法

属于传统的培训方式，优点是运用起来方便，便于培训者控制整个过程。缺点是单向信息传递，反馈效果差。常被用于一些理念性知识的培训。

2. 视听技术法

通过现代视听技术，对员工进行培训。优点是运用视觉与听觉的感知方式，直观鲜明。但学员的反馈与实践较差，且制作和购买的成本高，内容易过时。它多用于企业概况、传授技能等培训内容，也可用于概念性知识的培训。

3. 讨论法

按照费用与操作的复杂程序又可分成一般小组讨论与研讨会两种方式。研讨会多以专题演讲为主，中途或会后允许学员与演讲者进行交流沟通。优点是信息可以多向传递，与讲授法相比反馈效果较好，但费用较高。而小组讨论法的特点是信息交流时方式为多向传递，学员的参与性高，费用较低。多用于巩固知识，训练学员分析、解决问题的能力与人际交往的能力，但运用时对培训教师的要求较高。

4. 案例研讨法

通过向培训对象提供相关的背景资料，让其寻找合适的解决方法。这一方式使用费用低，反馈效果好，可以有效地训练学员分析解决问题的能力。另外，近年的培训研究表明，案例、讨论的方式也可用于知识类的培训，且效果佳。

5. 角色扮演法

受训者在培训教师设计的工作情况中扮演其中角色，其他学员与培训教师在学员表演后做适当的点评。由于信息传递多向化，反馈效果好、实践性强、费用低，因而多用于人际关系能力的训练。

6. 自学法

这一方式较适合于一般理念性知识的学习，由于成人学习具有偏重经验与理解的特性，让具有一定学习能力与自觉的学员自学是既经济又实用的方法，但此方法也存在监督性差的缺陷。

7. 互动小组法

也称敏感训练法。此法主要适用于管理人员的人际关系与沟通训练。让学员在培训活动中的亲身体验来提高他们处理人际关系的能力。其优点是可明显提高人际关系与沟通的能力，但其效果在很大程度上依赖于培训教师的水平。

模块三：绩效管理

一、绩效管理概述

绩效是指对应职位的工作职责所达到的阶段性结果及其过程中可评价的行为表现。所谓绩效管理是指管理者与员工之间就目标与如何实现目标上达成共识的基础上，通过激励和帮助员工取得优异绩效从而实现组织目标的管理方法。绩效管理的目的在于通过激发员工的工作热情和提高员工的能力和素质，以达到改善公司绩效的效果。绩效管理首先要解决几个问题：

1. 就目标及如何达到目标需要达成共识。

2. 绩效管理不是简单的任务管理，它特别强调沟通、辅导和员工能力的提高。

3. 绩效管理不仅强调结果导向，而且重视达成目标的过程。

绩效管理所涵盖的内容很多，它所要解决的问题主要包括：如何确定有效的目标？如何使目标在管理者与员工之间达成共识？如何引导员工朝着正确的目标发展？如何对实现目标的过程进行监控？如何对实现的业绩进行评价和对目标业绩进行改进？绩效管理中的绩效和很多人通常所理解的“绩效”不太一样。在绩效管理中，我们认为绩效是一种结果，即做了什么，同时还是过程，即是用什么样的行为做的也是绩效本身的素质。因此，绩效考核只是绩效管理的一个环节。绩效管理是通过管理者与员工之间持续不断地进行的业务管理循环过程，实现业绩的改进，所采用的手段为 PDCA 循环。

二、绩效管理的原因

实施绩效管理，从某种意义上说，是企业对自己目前现状做出的反思与展望。企业喜欢把更多的时间花在目前正在进行的工作，却很少花时间对过去做出反思，很少去总结过去的成败得失，而是一门心思往前走，生怕因为总结过去而耽误了赚钱，耽误了发展。以前的观念是“别老坐在这里了，赶快去干活吧”，而现在人们更多是提倡“别忙着干，先坐下来想一想”。相比，笔者更喜欢后一句话，因为它告诫人们在做一件事情的时候不要忙乱，而是要想好了再做，这样才能保证始终在做正确的事情，而不仅仅是把事情做正确。做好这个工作，也算是对企业过去一段时间进行了一个系统的总结，将总结的结果形成一个系统的报告，便于企业发现问题，及时调整，积蓄力量以便更快、更高效的发展。所以，企业应在实施绩效管理之前好好地总结一下管理中存在的问题，找出问题的症结所在，把它放到绩效计划当中，作为绩效管理的努力方向加以解决。

三、绩效管理的作用

无论企业处于何种发展阶段，绩效管理对于提升企业的竞争力都具有巨大的推动作用，进行绩效管理都是非常必要的。绩效管理对于处于成熟期企业而言尤其重要，没有有效的绩效管理，组织和个人的绩效得不到持续提升，组织和个人就不能适应残酷的市场竞争的需要，最终将被市场淘汰。很多企业投入了较多的精力进行绩效管理的尝试，许多管理者认为公平地评价员工的贡献，为员工薪酬发放提供基础依据，激励业绩优秀的员工、督促业绩低下的员工是进行绩效管理的主要目的。当然上述观点并没有错误，但是绩效考核就是绩效管理，绩效考核的作用就是为薪酬发放提供依据这种认识还是片面的，绩效管理不仅能促进组织和个人绩效提升，而且还能促进管理流程和业务流程的优化、最终保证组织战略目标的实现。

（一）绩效管理促进组织和个人绩效的提升

绩效管理通过设定科学合理的组织目标、部门目标和个人目标，为企业员工指明了努力方向。管理者通过绩效辅导沟通及时发现下属工作中存在的问题，给下属提供必要的工作指导和资源支持，下属通过工作态度以及工作方法的改进，保证绩效目标的实现。在绩效考核评价环节，对个人和部门的阶段工作进行客观公正的评价，明确个人和部门对组织的贡献，通过多种方式激励高绩效部门和员工继续努力提升绩效，督促低绩效的部门和员工找出差距改善绩效。在绩效反馈面谈过程中，通过考核者与被考核者面对面的交流沟通，帮助被考核者分析工作中的长处和不足，鼓励下属扬长避短，促进个人得到发展；对绩效水平较差的组织和个人，考核者应帮助被考核者制订详细的绩效改善计划和实施举措；在绩效反馈阶段，考核者应和被考核者就下一阶段工作提出新的绩效目标并达成共识，被考核者承诺目标的完成。在企业正常运营情况下，部门或个人新的目标应超出前一阶段目标，激励组织和个人进一步提升绩效，经过这样绩效管理循环，组织和个人的绩效就会得到全面提升。另一方面，绩效管理通过对员工进行甄选与区分，保证优秀人才脱颖而出，同时淘汰不适合的人员。通过绩效管理能使内部人才得到成长，同时能吸引外部优秀人才，使人力资源能满足组织发展的需要，促进组织绩效和个人绩效的提升。

（二）绩效管理促进管理流程和业务流程优化

企业管理涉及对人和对事的管理，对人的管理主要是激励约束问题，对事的管理就是流程问题。所谓流程，就是一件事情或者一个业务如何运作，涉及因何而做、由谁来做、如何去做、做完了传递给谁等几个方面的问题，上述四个环节的不同安排都会对产出结果有很大的影响，极大地影响着组织的效率。在绩效管理过程中，各级管理者都应从公司整体利益，以及工作效率出发，尽量提高业务处理的效率，应该在上述四个方面不断进行调整优化，使组织运行效率逐渐提高，在提升了组织运行效率的同时，逐步优化了公司管理流程和业务流程。

（三）绩效管理保证组织战略目标的实现

企业一般有比较清晰的发展思路和战略，有远期发展目标及近期发展目标，在此基础上根据外部经营环境的预期变化以及企业内部条件制订出年度经营计划及投资计划，在此基础上制订企业年度经营目标。企业管理者将公司的年度经营目标向各个部门分解就成为部门的年度业绩目标，各个部门向每个岗位分解核心指标就成为每个岗位的关键业绩指标。年度经营目标的制订过程中要有各级管理人员的参与，让各级管理人员以及基层员工充分发表自己的看法和意见，这种做法既保证了公司目标可以层层向下分解，不会遇到太大的阻力，同时也使目标的完成有了群众基础，大家认为是可行的，才会努力克服困难，最终促使组织目标的实现。对于绩效管理而言，企业年度经营目标的制订与分解是比较重要的环节，这个环节工作质量对于绩效管理能否取得实效是非常关键的，绩效管理能促进和协调各个部门以及员工按着企业预定目标努力，形成合力并最终促进企业经营目标的完成，从而保证企业近期发展目标以及远期目标的实现。

四、绩效管理过程

（一）绩效管理中的计划

1. 制订绩效目标计划及衡量标准

绩效目标分为两种

（1）结果目标。指做什么，要达到什么结果，结果目标来源于公司的目标、部门的目标、市场需求目标以及员工个人目标等。

（2）行为目标。指怎样做。确定一个明智的目标就是既要确定要实现什么结果，又要确定怎样去做，才能更好地实现要达成的目标。

明智的目标（SMART）原则是指：

- S：具体的（specific）——反映阶段的比较详细的目标
- M：可衡量的（measurable）——量化的
- A：可达到的（attainable）——可以实现的
- R：相关的（relevant）——与公司、部门目标的一致性
- T：以时间为基础的（time-based）——阶段时间内

2. 对目标计划的讨论

在确定SMART目标计划后，组织员工进行讨论，推动员工对目标达到一致认同，并阐明每个员工应达到什么目标与如何达到目标，共同树立具有挑战性又可实现的目标，管理者与员工之间的良好沟通是达成共识、明确各自目标分解的前提，同时也是有效辅导的基础。

3. 确定目标计划的结果

通过目标计划会议达到管理者与员工双方沟通明确并接受，在管理者与员工之间建立有效的工作关系，员工意见得到听取和支持，从而确定监控的时间点和方式。

（二）绩效管理中的辅导

在确定了阶段性的SMART目标和通过会议明确了各自的目标之后，作为管理者的工作重点就是在各自目标实现过程中进行对员工的辅导。辅导的方式有两种：一是会议式。指通过正式的会议实施辅导过程。二是非正式。指通过各种非正式渠道和方法实施对员工的辅导。

（三）绩效管理中的评价

在阶段性工作结束时，对阶段性业绩进行评价，以便能公正、客观地反映阶段性的工作业绩，目的在于对以目标计划为标准的业绩实现的程度进行总结，进行业绩的评定，不断总结经验，促进下一阶段业绩的改进。

通过实际实现的业绩与目标业绩的比较，明确描述并总结业绩的发展表现趋势。在对阶段性业绩评价之前，要进行信息收集，尤其是对实现目标过程的信息收集，在沟通和综合员工与管理者双方所掌握的资料后，通过会议的形式进行阶段性业绩的评价，包括对实际业绩与预期业绩的比较、管理者的反馈、支持与激励、业绩改进建议、本阶段总结、确定下阶段的计划等。

五、绩效管理制度的基本内容

绩效管理制度包括如下基本内容：

1. 绩效管理制度的指导思想、基本原则、绩效管理的战略地位。

2. 绩效考核的对象、考核周期、考核机构、考核时间与考核程序。

3. 绩效考核的主体、考核维度及考核权重设计。

4. 考核者的培训和绩效考核的实施，考核表的管理与查阅。

5. 绩效面谈的目的、绩效面谈沟通的步骤、员工申诉及其处理。

模块四：薪酬管理

一、薪酬的基本内涵及构成

（一）什么是薪酬

在通常情况下，我们将一位员工因为为某一个组织工作而获得的所有各种他认为有价值的东西统统称之为报酬。

（二）薪酬的内涵

狭义的薪酬指员工为企业提供劳动而得到的货币报酬与实物报酬的总和。包括工资、奖金、津贴、提成工资、劳动分红、福利等。

广义的薪酬包括经济性的报酬和非经济性的报酬。

总体薪酬主要分为物质薪酬和精神薪酬两种。一是物质薪酬。可分为直接薪酬和间接薪酬，其中，直接薪酬包括基本工资、津贴、奖金三部分，一般以现金形式支付，间接薪酬则包括福利和股权两部分，一般以非现金形式延期支付；二是精神薪酬。由具体工作本身、工作环境和组织特征带来的愉悦和满足感等，主要是一种心理作用。精神薪酬主要与两部分有关：一是与职业发展有关。主要是给个人能力的提高和事业的发展，晋升机会、职业保障、自我发展、弹性工时、决策参与、工作挑战、自我成就感等，称之为职业性肯定；二是与工作环境有关。主要指和谐、优越的工作环境和人际环境带来的身心愉悦，包括组织声誉、领导魅力、友善的同事、优越的办公条件、交友的机会等，称之为是社会性肯定。

薪酬主要由基本工资、奖金及奖励计划、津贴与补贴、福利、股权等构成。

（三）薪酬功能

对员工而言，薪酬功能为经济保障功能、激励功能、社会信号功能；对企业而言，薪酬功能为实现战略和改善绩效、塑造和增强企业文化、支持企业改革、控制企业经营成本等。

（四）影响薪酬管理的内外因素

1. 内在因素

（1）劳动者的付出

（2）职务的高低

（3）技术和训练水平

（4）工作的时间性

（5）工作的危险性

（6）福利和优惠权利

（7）年龄与工龄

（8）特殊行业工种

2. 外在因素

（1）生活费用水平

（2）企业承受能力

（3）市场工资水平

（4）市场供需状况

（5）潜在可替代物

（6）产品的需求弹性

（7）工会的力量

（8）社会文化

（9）有关立法因素

二、岗位评价与薪酬调查

（一）岗位评价的基本步骤

1. 岗位评价的目的

为合理确定薪酬提供依据。

2. 岗位评价的原则

（1）岗位评价的是岗位而不是岗位中的员工。

（2）让员工参与岗位评价工作，以便让他们认同岗位评价的结果。

（3）岗位评价的结果应该公开。

（二）岗位评价的基本功能

为实现薪酬管理的内部公平公正提供依据。

通过测评说明不同岗位在企业中所处的地位和作用。

（三）岗位评价的信息来源

1. 通过现场岗位调查，收集有关数据资料。

2. 通过现有的人力资源管理文件如岗位说明书等，对岗位进行评价。

（四）岗位评价的工作步骤

1. 按岗位工作的性质将全部岗位分为若干大类。

2. 收集有关岗位的各种信息。

3. 建立岗位评价小组。

4. 制订工作岗位评价的总体计划。

5. 找出与岗位有直接联系的因素。

6. 通过岗位评价小组构建统一的衡量评比标准。

7. 对一些重点岗位进行试点。

8. 按照评价计划，逐步实施。

9. 撰写不同层级岗位的评价报告书。

10. 对工作岗位评价工作进行全面总结。

（五）薪酬调查

1. 薪酬调查的作用

（1）了解市场薪酬水平及动态，从而确定本企业各岗位薪酬水平的合理性。

（2）通过薪酬满意度调查，了解员工对薪酬公平性的看法。

2. 薪酬市场调查工作程序

（1）确定调查目的。

（2）确定调查范围。

（3）确定调查方式。

（4）统计分析调查数据。

3. 薪酬满意度调查工作程序

（1）确定调查对象。

（2）确定调查方式。

（3）确定调查内容。

模块五：员工关系

从广义的概念上看，员工关系管理的内容涉及企业整个企业文化和人力资源管理体系的构建。从企业愿景和价值观体系确立，内部沟通渠道的建设和应用，组织的设计和调整，人力资源政策的制订和实施等。所有涉及企业与员工、员工与员工之间的联系和影响的方面，都是员工关系管理体系的内容。从人力资源部门的管理职能看，员工关系管理主要有如下内容：

1. 劳动关系管理。劳动争议处理，员工入离职面谈及手续办理，处理员工申诉、人事纠纷和意外事件。

2. 员工人际关系管理。引导员工建立良好的工作关系，创建利于员工建立正式人际关系的环境。

3. 沟通管理。保证沟通渠道的畅通，引导公司上下及时地双向沟通，完善员工建议制度。

4. 员工情况管理。组织员工心态、满意度调查，谣言、怠工的预防、监测及处理，解决员工关心的问题。

5. 企业文化建设。建设企业文化、引导员工价值观，维护公司良好形象（对内）。

6. 服务与支持。为员工提供有关国家法律、公司政策、个人身心等方面的咨询服务，协助员工平衡工作与生活。

7. 员工关系管理培训。组织员工进行人际交往、沟通技巧等方面的培训。

模块六：培训与开发

一、培训与开发概述

（一）培训与开发的概念

培训是指公司有计划地实施有助于员工学习与工作相关能力的活动，包括知识、技能或对工作绩效起关键作用的行为。培训开发的对象是企业的全体员工。培训开发的内容应与员工的工作有关，应当全面。培训开发的目的是要改善员工的工作业绩并提升企业的整体绩效。培训开发的主体是企业，应由企业组织实施。

案例：西门子的培训理念

西门子公司一贯认为“人的能力是可以通过教育和不断培训而提高的”。所以它坚持培养和造就人才。西门子的培训由来已久，早期是在车间进行，后来建立了各类专门的培训学校，并有了专业的培训老师。公司旨在通过针对性极强的连续培训，提高全体员工的技能和素质，树立创新精神，不断提高企业及个人所面临的挑战。西门子在全世界拥有600多个培训中心，700名专业教师和近3000名兼职教师，开设了50多种专业。公司每年有15万人参与各种培训。通过参加培训，西门子公司的优秀员工提高了自身的能力和素质。这些培训课程涵盖了对业务技能、交流能力和管理能力的培育，为员工知识、技能、管理能力的不断更新提供了保证。培训使公司拥有大量的生产、技术和管理人才储备，提高了参与者管理自己和管理他人的能力，在公司员工之间建立了密切的内部网络联系，增强了企业和员工的执行力与竞争力。因此西门子公司长年保持着公司员工的高素质，并从中直接获益。

（二）培训的性质

1. 广泛性。

2. 层次性。

3. 协调性。

4. 实用性。

5. 长期性和速成性。

6. 实践性。

（三）培训的原则

1. 服务企业战略目标和规划的原则。

2. 目标原则。

3. 差异化原则（内容上、人员上）。

4. 激励原则。

5. 讲究实效原则。

6. 效益原则。

（四）培训形式分类

1. 按培训与工作的关系。分为在职培训、脱产培训和半脱产培训。

2. 按培训的性质。分为传授性培训（从无到有）和改变性培训（从会到精）。

3. 按培训对象。分为新员工培训与在职员工培训。

二、培训与开发的实施模型

阶段一：培训需求分析

（一）培训需求的“压力点”

新员工进入、职位变动、顾客要求、引入新技术、生产新产品、企业或个人绩效不佳、企业未来发展、培训需求的现实性。

（二）需求分析的结果

1. 是否需要培训？

2. 在哪些方面需要培训？

3. 培训的内容有哪些？

4. 哪些人员需要以及需要什么样的培训？

阶段二：培训设计

（一）指导性目标

培训项目所期望得到的目标、指导性目标要具体。详细描述员工所需要掌握的知识、技能和态度。例如，以绩效管理为中心的培训，绩效目标即为标准；以岗位技能为中心的培训，岗位技能要求则为标准。目标一定具体、可操作、可衡量。

（二）员工培训准备

1. 员工是否做好了培训的个人准备

（1）学习能力。具备学习的基础。

（2）学习态度。态度是否端正。

（3）学习信心。是否有学习的信心。

（4）学习动机。学习愿望是否迫切。

2. 是否具备学习的条件和环境

（1）是否存在环境约束，有资金、物质、人力、时间保证。

（2）能否得到上级、同事、家人及周围环境的支持。

阶段三：培训的实施

该阶段主要是在企业人力资源管理部门的组织下，由培训教师实施培训。

1. 实施培训。

2. 受训考核。

3. 培训奖惩。

阶段四：培训效果评估

1. 明确培训项目的优势与不足。

2. 评价培训项目的内容、日程安排、场地、培训者及使用的资料，看它们是否有助于学习和培训内容在工作中的应用。

3. 明确哪些人在培训中收益最多、哪些人最少。

4. 比较进行培训与不进行培训的成本与收益。

三、培训与开发的方法和类型

（一）传统的培训方法

1. 传统培训之讲授法

【要求】

（1）讲授内容要有科学性，这是保证讲授质量的首要条件。

（2）讲授要有系统性、条理清晰、重点突出。

（3）讲授时语言要清晰、生动准确。

（4）必要时运用板书。

（5）培训师与受训者要相互配合，这是取得良好的讲授效果的重要保证。

【优点】

（1）有利于受训者系统地接受新知识。

（2）容易掌握和控制学习的进度。

（3）有利于加深理解难度大的内容。

（4）可以同时对许多人进行培训。

【缺点】

（1）讲授内容具有强制性。

（2）学习效果易受培训师讲授的水平影响。

（3）只是培训师讲授，没有反馈。

（4）受训者之间不能讨论，不利于促进理解。

（5）学过的知识不易被巩固。

2. 传统培训之学徒制

【要求】

（1）管理者要确认受训者（学徒）具备对某一操作过程的基本知识。

（2）培训者（有经验的人）让员工演示这一过程的每一步骤，并强调安全事项和关键步骤。

（3）资深员工给学徒提供执行这一过程的机会，直至每个员工认为其已能安全且准确地完成工作过程了。

【优点】

（1）受训者（学徒）在学习的同时能获取收入，由于师带徒的培训时间持续长，学徒的工资会随着其技能水平的提高而自动增长。

（2）培训结束后，受训者往往被吸纳为全职员工。

【缺点】

（1）师带徒只对受训者进行某一技艺或工作培训。

（2）由于新技术的变化，许多管理者会认为学徒们只接受了范围狭窄的培训而不愿雇用他们。

（3）师带徒培训的员工也会因只接受某种特定的技能而不能获得新技能或技能难以适应于工作环境的变化。

3. 传统培训之案例分析法

【优点】

（1）它提供了一个系统的思考模式。

（2）在个案研究的学习过程中，接受培训可得到一些有关管理方面的知识与原则。

（3）有利于使接受培训者参与企业实际问题的解决。

（4）正规案例分析使学生得到经验和锻炼机会。

（5）容易养成积极参与和向他人学习的习惯。

（6）比较直观。

【缺点】

（1）案例过于概念化并带有明显的倾向性。

（2）案例的来源往往不能满足培训的需要。

（3）需时较长，对受训者和培训师要求较高。

4. 传统培训之案例分析法。

【优点】

（1）和实际工作较接近，培训效果较好。

（2）能够对培训过程加以有效控制。

（3）避免在实际工作中进行培训而造成的损失。

【缺点】

（1）培训费用比较高。

（2）存在培训与实际的不同而发生的转化问题。

（二）现代科技培训方法

1. 电脑化培训

电脑辅导指导、电脑管理指导。

2. 互联网培训

指通过公共的或私有的计算机网络来传递，并通过浏览器来展示培训内容的一种培训方法。

3. 远程学习

通常被一些在地域上较为分散的企业用来向员工提供新产品、企业政策或程序、技能培训及专家讲座等信息，包括电话会议、电视会议、电子文件会议，以及利用个人电脑进行培训。

四、团队建设法

（一）探险性学习

也称为野外培训或户外培训，它是利用结构性的室外活动来开发受训者的团队协作和领导技能的一种培训方法。

（二）团队培训

团队培训是通过协调在一起工作的不同个人的绩效从而实现共同目标的方法。

（三）行动学习

行动学习法，即给团队或工作群体一个实际工作中所面临的问题，让团队队员合作解决并制订出行动计划，再由他们负责实施该计划的培训方式。

第三节　职业培训的基本概念和属性分类

职业培训是直接为适应经济和社会发展的需要，对要求就业和在职劳动者以培养和提高素质及职业能力为目的的教育和训练活动。其有三层含义：一是一种以劳动者为特定对象的劳动力资源开发活动；二是一种以直接满足社会、经济发展的某种特定需要为目的的定向性培训；三是按照国家职业分类和职业技能标准进行的规范性培训。

一、基本概念

职业培训为培养和提高劳动者从事各种职业所需要的知识和技能而进行的教育和训练称为职业培训，也称职业教育。职业培训是国民教育的一个重要组成部分，同普通教育既有联系，又有区别。两者都是开发智力、培养人才，但是职业培训是直接培养劳动者，使其掌握从事某种职业的必要的专门知识和技能。

现代化的企业广泛采用机器和机器体系生产，工艺技术十分严密，劳动者不但需要熟练地掌握操作技能，而且需要深刻地理解专门知识。因此，培训和提高劳动者的知识和技能，是发展社会生产力的客观要求。

在社会主义条件下，加强职业培训有利于加速培养技术业务骨干和熟练工人，以满足国民经济发展对专门人员的需要；有利于提高劳动者的文化素质和技术水平，促进劳动生产率和经济效益的提高。中华人民共和国成立以来，通过各种职业培训形式，培养和造就了大批技术工人、工程技术人员、管理人员和其他专业人员，推动了生产建设的发展，在全国工作重点转移到社会主义现代化建设上以后，加强职业培训受到了国家和企业更大的重视。

二、含义

职业培训也称职业技能培训，是指对准备就业和已经就业的人员，以开发其职业技能为目的而进行的技术业务知识和实际操作能力的教育和训练。

三、培训对象

职业培训的对象是劳动者。职业培训的对象是劳动法意义上的劳动者。在这里，职业培训劳动者是广义的，包括即将成为工薪劳动者的（人谋求职业的人），也包括已经成为劳动关系一方当事人的劳动者。前者可以是具有劳动能力的人，也可以是尚未具有劳动能力的人（如技工学校的学生）。

四、培训目的

职业培训的目的是开发受训者的职业技能。职业培训的目的是使受训者获得或提高某个方面的职业技能，而不是培训受训者的文化水平。当然，有些与文化素质教育有联系的职业培训方式（如职业技术学校培训方式），在职业培训的同时也进行高中阶段的文化课程教学，但这只是职业培训与普通教育相结合的事物，并不改变职业培训的目的。

五、培训内容

职业培训的内容是技术业务知识和实际操作能力。为了实现职业培训的目的，职业培训的内容是相关岗位或工种的技术业务知识和实际操作能力。受训者经过职业培训，获得谋求职业或保障职业安定必需的技术业务知识和实际操作能力。劳动者的职业素质取决于职业培训的程度，劳动者劳动权的实现在很大程度上与所受职业培训的程度有关。综上所述，职业培训在对象、目的和内容上，与普通教育都不相同。但是，职业培训和普通教育都是国民教育的组成部分，一个合格的劳动者既要有良好的文化水平，也应有精湛的职业技能。有鉴于此，各国劳动法一般都将职业培训列为一项重要的法律制度。《中华人民共和国劳动法》第六十六条到六十九条也对职业培训作了规定，但比较原则，中国的职业培训法律制度从总体上看还不够完善。

内容特点：

1. 职业培训的基本内容一般分为基本素质培训、职业知识培训、专业知识与技能培训和社会实践培训。

2. 基本素质培训包括文化知识、道德知识、法律知识、公共关系与社会知识、生产知识与技能。这种培训主要是培养熟练工，培训的内容以基本素质培训为主，并结合用人单位的岗位设置及职业要求进行培训。

3. 职业知识培训包括职业基础知识、职业指导、劳动安全与保护知识、社会保险知识等。使求职者了解国家有关就业方针政策，以及个人选择职业的知识和方法；掌握求职技巧、开业程序与相关政策；了解职业安全与劳动保护有关政策和知识；掌握社会保险方面的知识和政策。

4. 专业知识与技能培训包括专业理论、专业技能和专业实习。学员在专业理论的指导下掌握一定的专业技能，并通过在企业的实习，提高解决实际问题的能力，为就业打好基础。

5. 社会实践包括各种社会公益活动、义务劳动、参观学习和勤工俭学等。

六、主要特点

（一）具有较强的针对性与实用性

职业培训目标、专业设置、教学内容等均根据职业技能标准、劳动力市场需求和用人单位的实际要求确定。经过职业培训的毕（结）业生可上岗作业。

（二）具有较强的灵活性

在培训形式上可采取联合办学、委托培训、定向培训等方式；在培训期限上采取长短结合的方式，可以脱产也可以半脱产；在培养对象上依据岗位的实际需要灵活确定；在教学形式上不受某种固定模式的限制，根据职业标准的要求采取多种形式的教学手段。

（三）教学与生产相结合

主要体现在一方面教学要紧紧围绕生产实际进行，另一方面要贯彻勤工俭学、自力更生和艰苦奋斗的原则，通过教学与生产经营相结合，既培养了人才，又创造了物质财富，获得社会、经济的双重效益。

（四）突出技能操作训练

培训方法上强调理论知识教育与实际操作训练相结合。

七、分类

职业培训的种类包括技能培训、劳动预备制度培训、再就业培训和企业职工培训，依据职业技能标准，培训的层次分为初级、中级、高级职业培训和其他适应性培训。培训工作主要由技工学校、就业训练中心、咨询公司、社会力量办学等各类职业培训机构承担，对培训学员有年龄要求（男年龄 18~60 周岁、女年龄 18~55 周岁）。

包含创业培训、岗位技能提升培训、劳务品牌培训、省级示范性培训、就业技能培训、两后生培训、新型职业农民培训工程等八个培训项目。

（1）SYB 创业培训。是由人社部门负责组织实施的，针对具有创办小企业意向的劳动力进行的企业创办能力、市场经营素质等方面的培训。培训时间不少于 10 天，培训合格后颁发《创业合格证》。

2. 岗位技能提升培训。是由人社部门负责组织实施的，针对在县域企业中从业的劳动力，开展的旨在提升从业者岗位技能、增强就业能力的培训。培训时间不少于 5 天，培训合格后颁发《职业技能培训证书》。

3. 劳务品牌培训。是由政府劳务输转行政部门负责组织实施的，针对城乡劳动力升展的，旨在提高职业技能水平，提升市场求职竞争能力，打造本地域劳务品牌，提升劳务输出质效的综合性技能素质项目培训。培训合格后颁发《职业技能培训证书》。

4. 省级示范性培训。是由人社部门负责组织实施的，针对劳动力中具有一定知识和技能，有明确培训需求，在应用推广职业技能、带领群众创业致富中发挥示范引领作用而开展的培训。培训为期 10 天，培训合格后颁发《职业技能培训证书》。

5. 就业技能培训。是由人社部门负责组织实施的，针对劳动力开展的旨在提高某项技能、增强就业竞争力的培训。培训时间（普通工种不得少于 120 学时，技术工种不得少于 360 学时），培训合格后颁发《职业技能培训证书》。

6. 两后生培训。是由乡村振兴、教育部门负责组织实施的，针对农村家庭中初、高中毕业未能继续升学的学生进行的政策理论、专业知识和技能培训。对这一部分人，通过中长期培训（两年左右），使他们从农民转变为产业工人，从农村走向城市。两后生培训要求受训人员经培训合格后，具备中专、中技学历证和中级国家职业资格证，就业率达到 100%，稳定率达到 95% 以上。真正做到“培训一人，输出一人；就业一人，脱贫一户”。

7. 高素质农民培育工程。是由农业农村部门负责组织实施的，以家庭农场、农民合作社、农业企业及社会化服务组织等新型农业生产经营主体的农村劳动力为重点对象，旨在为解决“谁来种地”问题，培养高素质农民和农村实用人才，加快农业农村发展而开展的培训。培训包括空中课堂、田间课堂、流动课堂和智慧农民云平台等多种方式。

8. 培训工种。培训工种包含 A、B、C、D 四大类。A 类包括挖掘机驾驶员、装载机驾驶员、中式烹调师等。B 类包括果树工、园艺工、农艺工、育苗工、家畜饲养员、保健按摩师等。C 类包括防水工、钢筋工、混凝土工、架子工、瓦工、建筑油漆工、砌筑工、餐厅服务员、保安员、家政服务员、育婴师、计算机应用等。D 类包括物业管理员等。

八、劳动预备制度

劳动预备制度是国家为提高青年劳动者素质，培养劳动后备军而建立和推行的一项新型培训制度。从 1999 年起，在全国城镇普遍推行劳动预备制度，这一制度的基本内容是组织新生劳动力和其他求职人员，在就业前接受 1~3 年的职业培训和职业教育，使其取得相应的职业资格或掌握一定的职业技能后，在国家政策的指导和帮助下，通过劳动力市场实现就业。实行劳动预备制度的主要对象是城镇未能继续升学并准备就业的初、高中毕业生，以及农村未能升学并准备从事非农产业工作或进城务工的初、高中毕业生。对准备从事农业生产劳动的初、高中毕业生，各地可从本地实际出发，另行制定培训办法。各地还可根据实际情况引导城镇失业人员和国有企业下岗职工参加劳动预备制培训。

九、再就业

在深化国有企业改革和实施再就业工程中，为帮助下岗职工转变就业观念、提高职业技能，尽快实现再就业，原劳动部制订了《三年千万再就业培训计划》，要求充分动员社会各方面力量，实行在政府指导和扶持下，个人自学、企业组织和社会帮助相结合，大力开展多种形式的再就业培训。再就业培训的总体目标是：1998—2000 年，为 1000 万下岗职工提供职业指导和职业培训服务（对 1000 万下岗职工普遍进行职业指导，对其中 600

万人组织进行职业技能和创业能力培训)。通过努力，使下岗职工树立新的就业观念，转岗转业人员掌握实用技能，自谋职业者增强创业能力。具体任务是 1998 年培训 300 万人，1999 年 350 万人，2000 年 350 万人。重点是抓好纺织、铁道、军工等重点行业下岗职工的再就业培训工作。3 年中对纺织行业 120 万人，铁道运输业 40 万人，军工行业 40 万人，煤炭行业 50 万人，开展职业指导和职业培训，其他行业根据情况确定具体培训人数。

各地认真贯彻落实再就业培训计划，制定符合地方实际的政策。如北京、陕西推行企业再就业服务中心和职业培训机构伙伴行动计划，上海动员社会力量实行政府购买培训成果的工作机制，苏州等地开展创业培训工作。

十、创业

为进一步贯彻落实“三年千万”再就业培训计划，鼓励引导下岗职工和失业人员积极开展创业活动，通过组织开展培训指导、政策咨询和跟踪服务，切实提高下岗职工和失业人员从事个体、私营经济或创办小企业的能力，原劳动保障部在总结北京、上海、苏州 3 个城市开展创业培训试点经验的基础上，研究制定了《创业培训试点指导意见》，要求在 30 个城市开展创业培训工作。

指导意见从选定培训对象，聘请培训教师，组织实施培训等几个方面对如何组织开展创业培训工作提出了要求，培训形式可以灵活多样，可采取集中授课、专家现场咨询和案例分析相结合，也可通过收视远程培训节目与实地参观考察相结合。指导意见还要求通过多种渠道筹集资金，对下岗职工开展免费培训。积极争取财政部门支持，保证财政预算的再就业补助费、就业训练费的一定比例用于创业培训，按规定用好从失业保险基金中支出的职业培训补贴。

案例：多彩创业培训缤纷创客人生——甘肃省静宁县人社局 2022 年第 1 期 SYB 创业培训开班

以梦为马，创享未来。为扎实推进全县创新创业工作深入开展，全面提升县域创业培训及就业服务工作水平。4 月 24 日，由甘肃省静宁县人力资源和社会保障局主办，平凉市鲁班职业培训学校承办的静宁县 2022 年第 1 期 SYB 创业培训在平凉机电工程学校开班，吸引全县 100 余名办理了就业创业登记的农村转移就业劳动力前来参训，提升创业技能。SYB 的全称是“START YOUR BUSINESS”，意为“创办你的企业”，它是“创办和改善你的企业”（SIYB）系列培训教程的一个重要组成部分，由联合国国际劳工组织开发，为有愿望开办自己中小企业的创业者量身定制。培训为期 10 天，邀请相关创业培训导师，以集中授课、市场调研、跟踪指导等理论加实践相结合的方式，学习市场评估、企业构思、财务预算、市场营销等十方面的内容，帮助学员真正了解和掌握有关创业的扶持政策、法律法规、市场运作程序、管理技术等知识，鼓励引导培训学员立足自身资源、技能等优势，解放思想，开拓视野，积极投身创新创业，多层级兴办多业态市场经营主体，执念创业之路，成就出彩人生。县人社局在培训结束后对完成培训课程和市场调研任务并通过结业考核的学员颁发合格证书，并在后续创业指导、小额担保贷款、政策咨询等方面进一步优化跟踪指导服务，切实发挥就业创业部门职能，帮助更多有志于创业的人群成功踏上创业之路。

十一、在职

在职培训是指为提高在职劳动者的技术技能水平，由用人单位直接或委托其他培训机构对劳动者实施的培训。《中华人民共和国劳动法》第八章第六十八条规定，用人单位应当建立职业培训制度，按照国家规定提取和使用职业培训经费，根据本单位实际，有计划地对劳动者进行职业培训。《中华人民共和国职业教育法》第四章第二十八条规定，企业应当承担对本单位的职工和准备录用的人员进行职业教育的费用，具体办法由国务院有关部门会同国务院财政部门或者由省、自治区、直辖市人民政府依法规定。第二十九条规定，企业未按本法第二十条的规定实施职业教育的，县级以上地方人民政府应当责令改正；拒不改正的，可以收取企业应当承担的职业教育经费，用于本地区的职业教育。

十二、远程

利用计算机互联网开展远程职业培训，是国际教育和职业培训改革的潮流和发展方向。中国人多地广的国情需要充分利用计算机信息网络等教育手段，开展远程职业培训。《中共中央国务院关于深化教育改革，全面推进素质教育的决定》中指出："积极发展广播、电视教育和学校电化教学，推广运用现代化教学手段。要抓好教育卫星电视和播放网点的建设，基本建成全国电化教育网络，覆盖大多数乡镇和边远地区。"

十三、制度

《中华人民共和国劳动法》规定，国家通过各种途径，采取各种措施，发展职业培训事业，开发劳动者的职业技能，提高劳动者素质，增强劳动者的就业能力和工作能力。国家为培养和提高从事各种职业的人们所需要的技术业务知识和实际操作技能而制订的法律规范。它涉及的对象有工人、农民、各种技术人员和管理人员以及将要参加工作和已经参加工作的人员。其中，培训技术工人的制度，主要通过学徒、技工学校和在职工人技术培训等方式实行。

十四、相关教材

《秘书培训教材》

《秘书指南》

《秘书标准》

《秘书试题汇编》

《秘书英文培训教材》

《推销员教材》

《推销员指南》

《推销员标准》

《推销员试题汇编》

《公关员培训教材》

《公关员指南》

《物业管理培训教材》

《物业管理培训参考资料》

《物业管理标准》

《物业管理（省教材）》

《心理咨询培训教材（上、下册）》

《心理咨询标准》

《人力资源人力资源教材（国家全套）》

《保育员工作指南》

《保育员复习资料》

《职业指导（师 / 高级师）操作与实践》

《职业指导（员 / 助理师）操作与实践》

《职业指导应用基础》

《职业指导人员标准》

《职业指导典型案例》

《职业指导政策咨询》

《中国劳动力市场发展对策与实践》

《电子商务复习教材（省）》

《计算机办公软件高级》

《服务类》

《餐厅服务员（初）》

《餐厅服务员（中）》

《餐厅服务员（高）》

《客厅服务员（初）》

《客厅服务员（中）》

《客厅服务员（高）》

《商品营业员（初）》

《商品营业员（中）》

《商品营业员（高）》

《制冷维修工（初）》

《制冷维修工（中）》

《制冷维修工（高）》

《制冷维修工（省）》

《中式烹调师（初）》

《中式烹调师（中）》

《中式烹调师（高）》

《中式烹调师应会》

《中式烹调复习资料》

《中式烹调师复习资料（高）》

《中式烹调技师指南》

《中式面点师（初）》

《中式面点师（中）》

《中式面点师（高）》

《西式烹调师（初）》

《西式烹调师（中）》

《西式烹调师（高）》

《西式面点师（初）》

《西式面点师（中）》

《西式面点师（高）》

《家用电热器与电动器具维修工（初）》

《家用电热器与电动器具维修工（中）》

《家用电热器与电动器具维修工（高）》

《家用电子产品维修工（初）》

《家用电子产品维修工（中）》

《家用电子产品维修工（高）》

《无线电机械装校工（初）》

《无线电机械装校工（中）》

《无线电机械装校工（高）》

《无线电调试工（高级）》

《电工（初）》

《电工（中）》

《电工（高）》

《维修电工（初）》

《维修电工（中）》

《维修电工（高）》

《电焊工（初）》

《电焊工（中）》

《电焊工（高）》

《车工（初）》

《车工（中）》

《车工（高）》

《钳工（初）》

《钳工（中）》

《钳工（高）》

《工具钳工（初）》

《工具钳工（中）》

《工具钳工（高）》

《机械钳工（初）》

《机械钳工（中）》

《机械钳工（高）》

《铸造工（初）》

《铸造工（中）》

《铸造工（高）》

《磨工（初）》

《磨工（中）》

《磨工（高）》

《铣工（初）》

《铣工（中）》

《铣工（高）》

《分析工（初）》

《分析工（中）》

《分析工（高）》

《农艺工（初）》

《农艺工（中）》

《农艺工（高）》

《热处理（初）》

《热处理（中）》

《热处理（高）》

《食品检验工（初）》

《食品检验工（中）》

《食品检验工（高）》

《汽车驾驶员（初）》

《汽车驾驶员（中）》

《汽车驾驶员（高）》

《汽车维修工（初）》

《汽车维修工（中）》

《汽车维修工（高）》

《摩托调试修理工（初）》

《摩托调试修理工（中）》

《摩托调试修理工（高）》

《乳品检验工（初）》

《乳品检验工（中）》

《乳品检验工（高）》

《服装设计定制工（初）》

《服装设计定制工（中）》

《服装设计定制工（高）》

《美发师（初）》

《美发师（中）》

《美发师（高）》

《美发师复习教材》

《美容师（初）》

《美容师（中）》

《按摩师（初）》

《按摩师（中）》

《按摩师（高）》

《按摩师（省）（初）》

《按摩师（省）（中）》

《足部按摩师（初）》

《足部按摩师（中）》

《考评员教材》

《计算机软件工（初）》

《计算机软件工（中）》

《计算机软件工（高）》

《计算机文字处理员（初）》

《计算机文字处理员（中）》

《计算机文字处理员（高）》

《计算机系统操作员（初）》

《计算机系统操作员（中）》

《计算机系统操作员（高）》

《家政服务员工作指南》

《验光员教材》

《电工技术基础》

《安全规程和安全用电》

《电器设备安装及运行》

《电机和电压器的使用及修理》

《初级电工考核指导》

《电气维修工艺学》

《电工基础》

《电工数学》

《中级电工考核指导》

《电子技术基础》

《低压配电装置和电动机控制》

《电工实操考核指导》

《初级咖啡师（职业等级 3 级）》

《中级咖啡师（职业等级 2 级）》

《高级咖啡师（职业等级 1 级）》

《咖啡技师（职业等级最高级）》

《初级调酒师》

《中级调酒师》

《高级调酒师》

十五、职业培训机构

职业培训机构是指为劳动者从事各种职业提供劳动技术业务知识服务的重要机构，是整个国民教育的一个重要组成部分。劳动者需要掌握一定的技术业务知识和具有运用知识的实际能力才能从事各种职业。职业培训机构，便是担负着开发劳动者职业技能，提高劳动者素质，增强劳动者就业能力和工作能力的培训实体。

职业培训机构的种类主要有社会组织和个人单独或联合举办的技工学校、职业（技术）学校、就业训练中心、职工培训中心（学校）等。此外还有境外机构和个人、外商投资企业（机构）单独或同境内具有法人资格的社会组织联合举办的培训实体

（一）主要任务

职业培训机构主要任务是根据劳动力市场的求，有针对性地承担各类职业培训任务。其面对的主要对象是初次求职人员、下岗职工和失业人员、在职人员、转岗转业人员、出国劳务人员、境外就业人员、个体劳动者、农村向非农产业转移的人员和农业劳动者，以及需要特殊培训的妇女、残疾人和其他需要提高、掌握职业技能的劳动者。

（二）构成

职业培训机构主要承担并完成技术技能人才的培养任务，向社会输送高素质劳动者。我国职业培训机构主要包括技工学校、就业训练中心、综

合培训基地及培训集团、社会力量办学、企业职工培训中心等。根据《中华人民共和国职业教育法》的规定，职业培训机构的设立，必须符合下列基本条件：一是有组织机构和管理制度；二是有与培训任务相适应的教师和管理人员；三是有与进行培训相适应的场所、设施、设备；四是有相应的经费。职业培训机构的设立、变更和终止，应当按照国家有关规定执行。联合举办职业培训机构，举办者应当签订联合办学合同。职业培训机构应根据劳动力市场需求，承担各类职业培训任务，为社会培养具有职业技能的劳动者。其培训对象主要包括初次求职人员、下岗职工和失业人员、在职人员、转岗转业人员、出国劳务人员、境外就业人员、个体劳动者；农村向非农产业转移进城务工的人员和农业劳动者；需要提供专门职业培训的妇女、残疾人、少数民族人员和现役军人及军队转业人员；其他需要学习、掌握和提高职业技能的劳动者。

（三）管理办法（以甘肃省静宁县民办职业培训机构管理办法）为例

甘肃省静宁县民办职业培训机构管理办法

（讨论稿）

第一章　总则

第一条 为了加强和规范全县职业培训机构管理，提高职业培训质量，根据《中华人民共和国民办教育促进法》《中华人民共和国民办教育促进法实施条例》《营利性民办学校监督管理实施细则》《甘肃省就业资金管理办法》《关于加强社会力量举办职业技能培训机构管理的通知》和《平凉市职业技能培训创业培训管理暂行办法》及有关规定，结合静宁县实际情况，制定本办法。

第二条 本办法适用于静宁县人社部门批准设立的或以公开招标方式确定的，实施以职业技能培训为主的培训机构（以下简称职业培训机构）。

第二章　办学条件

第三条 职业培训机构的单位和法人代表应当满足下列条件：

1. 单位应当具有法人资格，法人代表应当具有政治权利和完全民事行为能力。

2. 有专职校长，校长具有大专以上学历，中级以上专业技术职务任职资格或三级以上国家职业资格，年龄不超过六十周岁，熟悉国家职业培训的相关法律法规和政策，无担任或者兼任其他学校的校长的情形。

3. 配备专职教学管理人员，专职教学管理人员具有大专以上学历，中级以上专业技术职务任职资格或三级以上国家职业资格，年龄不超过六十周岁，熟悉国家职业培训的相关法律法规和政策。配备专（兼）职财务管理人员，财务管理人员具有会计资格证书。

4. 每个职业培训工种专（兼）职教师 2 人以上，具有大专以上学历，中级以上专业技术职务任职资格或三级以上国家职业资格，并签订聘任合同或劳动合同。聘任的教师应当具有符合国家规定的教师任职资格。专职教师人数应不少于教师总数的 1/4。

5. 有与办学规模相适应的培训场所、办公用房和实操实训的设施设备，办公、教学和实操实训场地相对集中、独立，且为非危险房屋，有良好的照明、通风条件，能够满足各职业培训工种教学、实训需要，并符合劳动保护、安全卫生、消防环保、房屋质量安全等有关规定。理论课与实训教室建筑面积，不少于三百平方米，租用其他单位场所的，应有不少于 3 年的租用合同。

6. 具有与所设置培训职业培训工种相适应的，满足理论教学和实操实训需要的自有教学设施、仪器设备、图书资料等。

7. 有明确的办学宗旨和健全的规章制度。

8. 法律、法规规定的其他条件。

第三章　监督管理

第四条 在办学许可证规定的培训工种、培训层次等范围内从事教学活动，按规定的申报条件招收学员。

第五条 能按照国家职业培训规定，选配人社部门规定的职业技能培训教材，能严格执行教学计划和大纲，培训教师均能认真教学。

第六条 每个职业培训工种有详细的教学计划、大纲及课程安排，有教师教学教案或讲义。每期培训增加党建、禁毒、消防、安全、工匠精神、劳动维权、心理励志等知识培训宣讲。

第七条 实际技能操作训练占总培训课时的 70% 以上。

第八条 定期组织教师开展教学研究活动，定期对教师进行考核和教学检查，确保教学质量。学校必须为专职员工缴纳社会保险。鼓励对学校员工开展“冬送温暖、夏送清凉”人文关怀活动。

第九条 严格按照省人社厅规定，对产生的培训资料，分人社本级、县、乡、村、培训机构留存 5 个层级，分类科学，装订规范。

第十条 收取费用的项目和标准应当报物价主管部门备案，并向社会公示，按收费标准和相关规定收费或申请培训补贴经费，按会计制度规定设立账簿，账目清晰。职业培训机构收取的费用应当主要用于教学活动和改善办学条件。

第十一条 资产全部按规定分类、登记，账、卡、物相符，管理规范。资产的使用和财务管理受人社部门和其他有关部门的监督。

第十二条 无条件接受人社等部门的监督和管理，按时按要求积极配合人社部门开展各种培训工作，按时参加人社部门召开的培训工作例会和培训班。

第十三条 进一步建立健全培训就业一体化机制，试点推行就业质量绩效考评。当期稳定就业人数达到 80% 以上，全额享受职业培训补贴，低于 80% 以下，按照 80% 的比例，享受职业培训补贴。

第十四条 积极组织人员参加各级各类职业技能竞赛活动。

第十五条 牢牢牵住安全红线，确保安全培训，培训安全。

第四章 责任追究

第十六条 严格执行培训机构退出机制。对在培训过程中有下列情形之一的，不予验收，并限期整顿，给予警告；情节严重或者经整顿仍达不到要求的，取消其培训资格。

1. 采取虚报培训人数、同一班次重复申报、缩短培训时间等手段套取职业培训补贴的；

2. 私设分支机构扰乱培训秩序的；

3. 买卖、出租职业培训定点机构资质的，或将承担的培训任务委托转包其他单位的；

4. 制度不全，管理混乱、办学效果差的，或先开始培训，再进行申报，或不经同意，擅自暂停培训的；

5. 逃避检查，拒不接受或者不按照规定接受监督检查的，或在监督检查时以各种原因不配合的。

6. 培训学员冒名顶替等虚假培训的。

第五章　附则

第十七条 高度重视基层党建工作，按照党建标准化建设要求，设立相应的党组织并开展相应活动。

第十八条 进一步增强职业培训机构忧患意识、争先进位意识和品牌意识，办出质量、办出特色、办出品牌。

第十九条 严格控制现有职业培训学校培训工种的增设，已开设的培训工种如无必要将不再审批，有利于填补静宁县职业培训市场空白、或市场前景好的技术工种按相关政策正常审批。

第二十条 加强职业培训学校已设工种的复审力度，对于师资力量不强、实训基地条件弱的培训工种坚决予以核减。

第二十一条 现有职业培训学校每两年可申请增设一次培训工种，每次最多可申请增设 2 个培训工种。

第二十二条 新申办的职业培训学校最多可申请 4 个培训工种。

第二十三条 本办法附实施细则，自 2021 年 3 月 1 日起施行。

十六、职业技能培训的问题及建议

职业技能培训是人社部门职能之一，包括就业技能培训、创业培训和劳务品牌培训等项目，培训对象为劳动年龄内有劳动能力和就业创业愿望的城乡劳动力、未就业高校毕业生、下岗失业人员、残疾人、退役军人及企业员工等，培训工种有果树工、家畜饲养员、电子商务员、育婴员、民间手工艺品制作工、中式烹调师、挖掘机驾驶员等二十余个。培训采用集中理论学习、专家授课、学员交流、典型经验介绍、实践操作等方式。培训一般在县城或者乡（镇）、村（社）举办。

（一）存在的问题

1. 培训形式单一

各类集中培训，以老师授课为主，时间一般 7~15 天，部分培训班虽安排有实操实习课，但培训对象整体知识文化不高，短时间内，很难真正理解掌握一项技能，做到理论与实际相结合，很难把学习内容立即运用到生产实践中。

2. 集中培训难

农村平时常住人口少，培训不能以村为单位举办，培训点一般设在县、乡（镇）或某一个村。安排住宿条件不够，偏远农村交通不便。所以培训对象常常因为路途太远，耽误工夫，影响参训积极性，也存在一定的交通安全风险。

3. 学员结构不优

由于有一定劳动就业能力的基本都在城里或外面务工，留在农村的年轻人少、男性少，文化程度低。学员年龄层次偏高，甚至超过 60 岁（要求学员男 59 岁以下、女 54 岁以下），学习接受能力较差。

4. 培训师资薄弱

随着社会经济发展，新知识、新技能、新模式不断迭代，对培训教师知识结构提出了更高要求，普通培训机构技能很难达到要求。如果聘请高校专家学者，参及两个方面内容：一是知名教授本身重任在肩，事务繁忙不容易请到；二是费用较高难以解决。

5. 培训主体多头

人社、农业农村、林业草原、科技、乡村振兴、妇联、工会、科协等部门都有农业农村就业技能培训任务，培训机构繁多，培训内容重复，有时为了完成任务，农民不得不多次参加不同部门组织的同类型培训。

（二）建议

1. 整合优化培训资源

（1）统筹使用培训资金。按照“用途不变、渠道不乱、各负其责、各计其功”的原则，统筹整合人社、乡村振兴、农业农村、林业草原、妇联等相关部门的培训资金资源。项目资金由县上统筹管理，专款专用。

（2）科学制订培训计划。县上根据省市人社、乡村振兴、农业农村、林业草原、妇联等部门下达的年度培训计划，结合农村劳动力培训意愿，按照县域产业发展需求，统筹安排全县年度培训任务并分解到各有关部门组织实施。

（3）动态调整培训师资。从相关职能部门一线人员、企业技术骨干、职业院校专职教师、“土专家”、“田秀才”中选聘兼职教师，建立门类齐全、结构合理、数量充足的农村劳动力培训师资库并实施动态调整，根据培训需求统筹调配使用师资力量。

2. 推行五种培训方式

（1）积极推行“培训券”式培训。根据县域实际情况设计培训券，将印有培训机构、培训项目等信息的“培训券”发放到有培训需求的群众手中，群众自愿选择培训机构和培训专业，培训合格后交付“培训券”，培训机构凭“券”结算。

（2）加快发展“菜单式”培训。按照“缺什么补什么、因需施培、因人施训”原则，结合县域发展和市场需求，将培训工种制成彩页，采取多种方式将培训“菜单”发放到群众手中，让广大群众根据“菜单”点自己需要的“菜”，符合“菜单”要求的培训机构组织实施。

（3）探索开展“互联网+”培训。培训机构依据项目工种，组织有培训需求的劳动力开展网上报名，实施网上理论教学培训，理论教学结束后，适时组织线下实际操作培训。也可网上征集外地优秀的线上培训机构，组织实施职业技能培训。

（4）扎实做好“嵌入式”培训。组织各类劳务机构、培训机构以“岗位＋劳务机构＋培训”模式开展培训。劳务机构提前向培训机构推送用工岗位信息，由用工单位对招聘人员在用工岗位上开展岗前技能培训或技能再提升培训，培训结束后参训人员在培训岗位就业。

（5）认真实施“订单式”培训。协调和引导各类培训机构与用工单位对接，用工单位按照岗位需求拟定用工订单，委托培训机构按照订单开展有针对性的技能培训，也可邀请用工单位专业技术人员到培训机构授课培训，培训结束后到用工单位就业。

3. 建立多层次培训平台

（1）确定一批优质培训机构。通过公开招标方式，择优选定培训机构。对乡村旅游、农产品加工、种植养殖技术等现场教学，既可利用本地优质培训资源，也可组织培训对象到县域外实施培训。

（2）建立龙头企业培训基地。鼓励企业与培训机构合作，有效利用龙头企业实训设备、场地、师资、技术等优势支持龙头企业对务工人员开展在岗培训和岗位技能提升培训，组织引导更多的劳动力就近就地参加培训和实现就业。

（3）切实发挥“乡村就业工厂”作用。加大对“乡村就业工厂”的政策支持力度，不断增强“乡村就业工厂”市场竞争力，推动建立一批经济效益较好、吸纳带动就业能力强的“乡村就业工厂”培训基地，采取以工代训的方式开展技能培训。

（4）用好对口帮扶地区资源。加强与对口帮扶地区的沟通对接，积极组织引导符合条件劳动力在职业院校接受学制性职业教育培训、在企业参加岗位培训和岗位技能提升培训。

4. 切实提高培训质量

（1）精准设置课程内容。培训机构严格按照教学大纲，结合培训对象的就业需求设置培训内容，就业技能培训课程要突出操作技能训练，农业培训课程要突出实用技术，同时将安全常识、职业道德、法律意识等一并纳入培训内容。

（2）严格执行培训标准。培训机构严格按照国家职业标准培训课程确定的内容和培训课时开展培训，严格落实教材纲目、教学要点、培训课时等方面要求，不得压缩培训工种的课程内容，不得减少培训课时。

（3）逐步提高实训比例。培训机构优化课程设置，力争使实操课时与理论课时比例达到 7:3，实际操作训练课程要安排在车间、工地、农民专业合作社、农业产业示范园区或就业创业示范基地等地开展，有条件的乡镇可根据本地实际建立种植养殖、蔬菜大棚、果木栽培等农业实用技术培训基地，加大对致富带头人、种养大户、农业技术需求人员的培训力度。

（4）加强培训过程管理。培训责任部门严格审定培训机构提交的教学（培训）计划、教材和授课教师资格。培训期间通过影像资料采集、随机抽查等方式，督促培训计划落实。培训结束前，及时开展参训人员满意度及掌握培训内容情况问卷调查，对于培训满意度低于 90% 或培训内容掌握率达不到 80% 的，要责令培训机构组织“回炉”培训。培训结束时，要组织开展培训质量评估工作，对不落实培训计划、培训内容或培训时间不足的培训机构予以严肃处理。

5. 全面提升服务水平

（1）广泛宣传培训政策。健全完善省、市、县、乡、村五级人力资源信息服务网络，加强线上线下培训就业政策宣传、咨询等服务，提高群众对培训项目、培训政策等相关内容的知晓度，引导劳动力转变就业观念，合理选择培训项目，增强就业创业意识。

（2）及时发布用工信息。积极组织各类企业、劳务机构、行业协会广泛搜集用工信息，通过门户网站、信息平台、微信公众号、学员微信群等多种渠道，及时向培训机构和农村劳动力发布和推送就业岗位信息。乡镇、村社要及时张贴就业岗位信息，为劳动力选择培训项目提供便利条件。

（3）积极做好就业服务。利用“春风行动”“就业援助月”等活动，引导参训人员与用工企业开展就业洽谈。协调劳务机构灵活举办专场招聘会，促进参训人员实现就业。建立培训后未就业人员“信息库”，与劳务中介机构实现信息共享，跟进做好岗位推荐工作。

十七、新冠疫情防控下的职业技能培训

（一）迅速响应，全面停止线下职业培训工作

按照全国、省、市、县疫情防控有关会议精神，遵照《静宁县新冠肺炎疫情联防联控领导小组关于严格落实新冠肺炎疫情防控措施的通告》等文件要求，第一时间通过转发通知、微信群告知等方式，对相关防控精神进行传达贯彻，逐一通知县内各民办职业培训机构立即暂停所有线下培训活动。同时要求各机构务必细化防控措施和应急处置预案，及时上报疫情防控情况信息，确保疫情防控各项工作举措贯彻落实到位。

（二）加强督导，全面排查县内培训机构情况

坚持以“属地管理、强化防控”为原则，进一步明确各民办职业培训机构疫情防控主体责任，成立防控工作领导小组，制订培训机构疫情防控工作专项督查工作方案，抽组人员以“四不两直”方式对县属民办培训机构疫情防控工作开展专项检查，对培训机构在检查过程中发现的问题，能解决的现场解决，即知即改；不能立即解决的下发整改通知书，现场交办、签字确认，列出整改时限，明确整改要求，挂牌督办、销号管理。

（三）强化宣传，全面引导师生开展科学防控

进一步强化教育宣传引导，及时印发《新型冠状病毒感染的肺炎预防控制工作指引》《新型冠状病毒感染的肺炎疫情防控告知书》等宣传资料，通过微信公众号、微信群等网络渠道，号召不必要的外出和聚集性活动，要求培训机构坚决克服麻痹思想和侥幸心理，牢牢守住疫情防控底线，严格执行出入人员管理制度，强化机构内部及来访人员筛查，严格落实来访登记和防疫检查，加大对各个环节防疫管理，市场要注意定期消毒，保持室内开窗通风，引导科学应对疫情及做好防控工作。

（四）主动作为，全面筹措开启线上培训模式

延期不延教、停课不停学。立足县域劳动力技能培训需求实际，提供特殊时期就业培训支持策略。进一步优化线上培训方案，充分发挥“互联网 + 职业技能培训”作用，及时将人社部发布推荐的线上培训平台纳入“两目录一系统”，推出基本覆盖职业培训需求的数字培训资源。对现有的果树工、家畜饲养员、电工、焊工、家政服务员等 10 余工种线上培训课程资源，通过“静宁果农”APP 实时在线更新共享。针对培训对象个性化差异，通过实施“钉钉课堂”等“互联网 +”的方式，开展相应工种的线上技能培训，做到培训流程、时间、内容、地点、课时、师资“六到位六落实六精准”。

一、总则

（一）目标

为科学、规范、有序地开展全县民办职业培训学校新冠肺炎疫情防控工作，提高防控水平和应对能力，坚持预防为主，广泛宣传教育，提早谋划部署，做好科学防控，确保师生健康，切实做好疫情发生时的应急处置工作，最大限度地减少新冠肺炎对学员健康和培训机构安全稳定造成的危害，维护社会稳定，特制订本应急预案。

（二）工作原则

1. 外防输入，内防反弹。

2. 人物同防、多病共防、重点盯防、全体预防。

3. 统一指挥，分级负责，县管理。

（三）编制依据

《中华人民共和国传染病防治法》《突发公共卫生事件应急条例》《学校卫生工作条例》等有关法律法规和习近平总书记对新型冠状病毒感染的肺炎疫情作出的重要指示。

（四）适用范围

本预案适用于静宁县民办职业培训机构开展的新冠肺炎疫情防控应对准备及应急处置工作。

二、组织管理

（一）组织机构

各民办职业培训学校在县人社局统一领导下，成立新冠肺炎疫情防控工作领导小组，统一指挥协调推进防控工作，落实各项措施。

各民办职业培训学校实行新冠肺炎疫情防控工作主要领导负责制、防控工作责任制和责任追究制，明确任务、目标和责任。

各民办职业培训学校成立新冠肺炎疫情防控应急处置小组，根据职责分工，负责开展本学校的新冠肺炎疫情应急处置工作。

（二）职责分工

1. 人社部门职责

（1）县人社局负责指挥、协调全县民办职业培训机构新冠肺炎疫情防控工作，制定新冠肺炎疫情防控应急预案，更新新冠肺炎疫情防控工作领导小组成员，指导各民办职业培训学校做好新冠肺炎疫情防控工作。

（2）县人社局在全县新冠肺炎疫情联防联控工作领导小组指挥下负责协调、推进县内民办职业培训学校新冠肺炎疫情防控工作，结合县情实际制订新冠肺炎疫情防控应急预案，组织开展新冠肺炎疫情防控应急培训、演练和督导检查，配合卫健部门、疾控机构排查疑似病例及紧急情况的应急处置。开展全县民办职业培训学校防控新冠肺炎宣传教育活动。

（3）县人社局要加强与卫生健康行政部门的配合，建立部门之间信息沟通和固定联络员制度，形成政府领导下的多部门共同参与的联防联控机制。

2. 民办职业培训机构职责

（1）各职业培训机构开展培训必须报经县人社局同意后，方可开班。每个培训班次原则上不超过 50 人，50 人以上活动应制订防控方案，落实各项防控措施，并报县疫情联防联控机构备案。要加强“一人一档”台账管理，做到健康台账信息全覆盖、无遗漏、真实准确。严格落实佩戴口罩、测温扫码、通风消毒、“一米线”等防控措施，对学员是否为中、高风险地区返回人员进行甄别，一旦发现健康码、行程卡变为“红码”“黄码”或“绿码”带 *，要立即报送县疫情联防联控机构，并拒绝其参加培训。

（2）要坚持晨午检制度和报告制度，明确学校传染病疫情的报告人，负责传染病的监控与报告工作。对身体异常及有可疑症状者实行疫情快报制度，发现新冠肺炎疑似病例、确诊病例时，应当在 2 小时内及时上报县疾控中心和人社局。人社局接到学校疫情报告后，及时报告市人社部门和县卫生健康部门，重大疫情报县政府。对缓报、瞒报、漏报者，要逐级追究有关责任人的责任。

（3）要加强对教学、办公等重点场所疫情防控管理，彻底清理卫生死角，每日定期消毒并记录。开展培训活动要设立（临时）隔离室、位置相对独立，以备人员出现发热等症状时立即进行暂时隔离。应急隔离区域的区域划定、卫生条件、设施配备等符合规定，有专人负责。储备必要的防控物资，定点收集、及时处理废弃口罩等垃圾。

（4）要紧盯各地出现新发本土确诊病例和风险等级调整等信息，按照县新冠肺炎疫情领导小组要求，协助有关单位严格落实高风险区来静返静师生隔离，密切关注与高风险区域、重点人群有密切交往的学校和师生。要掌握培训机构和学员情况，做好登记调查。对高风险区域邮寄物要认真消毒和监控。

三、应急处理措施

1. 县人社局成立新冠肺炎疫情防控应急工作领导小组。如有新冠肺炎确诊病例、无症状感染者、疑似病例或密切接触者，培训机构应在疾控机构指导下立即启动应急处置预案，配合做好密切接触者排查和终末消毒等工作。并在2小时内以最快的通讯方式向卫健、人社部门报告发生或者可能发生疫情的单位名称、地址、时间、人数等有关内容。

2. 在上级各部门未达到前，培训机构要安排专人在做好自我保护措施的同时将病患人员隔离。

3. 积极协助医疗机构救治学员，协助有关部门做好疫情信息的收集、流调、报告、人员分散隔离，做好终末消毒和公共卫生措施的落实工作。

4. 师生员工病愈后，返校时要对其查验由当地具备资质的医疗机构开具的相关证明。

5. 一旦所在区域发生本土疫情，要严格实施师生员工体温监测、晨午检和因病缺课（勤）病因追查与登记等防控措施。培训班出现病例后，视情采取立即停课、封闭管理、全员核酸检测等处置措施。

四、保障措施

1. 加强卫生宣传和健康教育工作。搞好健康教育，利用多种形式开展普及新冠肺炎疫情防控和其他相关传染病的防治知识的宣传和教育，提高广大师生员工卫生防疫的意识和自我保健的能力；要对学校教职员工进行新冠肺炎疫情防控和学校传染病防控知识、监控与报告等方面的培训。

2. 改善环境卫生和做好应急准备。积极采取措施，确保办公和培训场所的通风与清洁卫生，消除传染病发生和流行的条件，保证消毒药品与消毒器具的充足有效。

3. 严格落实各项食品卫生制度和措施。各培训机构要主动防范新冠肺炎疫情通过进口冷链食品输入风险，严格做好食品采购人员防护，加强技术培训，规范操作行为，实施预防性全面消毒处理。加强学校生活饮用水水源的管理，严防各种食源性疾病的发生。按照发生聚集性疫情情景完善应急预案，储备应急物资，强化应急演练，提高应急处突能力。

4. 本预案根据新冠肺炎疫情形势变化和实际工作中发现的问题及时进行更新、修订和补充。

第四节　职业培训案例分析

案例一：甘肃省静宁县职业教育发展现状的调查与思考

职业教育是教育事业的重要组成部分。大力发展职业教育，为企业、为社会培养大批技能型人才和高素质劳动者，是落实科学发展观、实施“科教兴县”战略的重要内容，是开发人力资源、解决“三农”问题、促进劳动就业、构建和谐社会的重要途径。2005 年，国务院召开了全国职业教育工作会议，做出了《关于大力发展职业教育的决定》，把职业教育作为推动经济社会发展的重要举措和深化教育改革的战略重点，并明确了“十一五”期间职业教育发展的目标。静宁县的职业教育经过多年的发展，为社会培养了大量高素质的劳动者，取得了一定的成绩，但离国家和省市提出的职业教育发展目标还有不小的差距。

一、静宁县职业技术教育发展的现状

静宁县职业技术教育起步于 20 世纪 80 年代，经历了从无到有、从小到大，现有职教中心一所和农职业中学一所。经过二十多年的发展，职业

教育办学规模日益扩大，教育质量和办学效益逐年提高，呈现出良好的发展势头。

（一）党政高度重视职业教育

多年来，静宁县始终把职业教育摆在重要的议事日程，坚持把职业教育放在与基础教育同等重要的位置。县领导情系职业教育，每年坚持听汇报、现场办公，研究解决职业教育中的困难和问题，为职教发展创造良好的环境，确保了全县职业教育的健康快速发展。

（二）办学条件明显改善

静宁县职教中心组建于 1995 年，2002 年晋升为职业中专，2008 年 12 月在静宁县职业中专的基础上改办为平凉机电工程学校。2000 年以来，学校累计投入两千万元用于基础设施建设，不断改善办学条件。建有一万平方米的教学大楼一栋，内设六十个教室，能容纳三千五百名学生，二校区可容纳学生五百名；建有三千八百平方米的实验楼一栋，实验实训场所足，实训开出率达 95%；建有两千两百五十平方米、两千八百平方米的男女生公寓楼各一栋，二校区建有一千四百平方米的学生公寓楼一栋，共拥有一千七百多个床位，满足学生住宿需求；建有一千二百平方米的餐饮中心和二校区一百平方米的餐厅，能够满足一千七百多名学生同时就餐。同时，建成了静宁县汽车驾驶员培训学校、静宁县职业中专附属幼儿园、静宁县建筑有限公司等三个实训基地，建筑材料实训中心、汽车运用与维修实训中心、旅游管理与服务实训中心、锦昌小汽车维修中心、服装加工实训中心、建筑装饰设计有限公司、家电维修中心等七个实训中心，计算机组装与维修、数控加工、医疗“三理”模拟、电子电器等二十一个实训室，为学生技能的形成和创新能力的培养提供了保证。

蕲寺职业中学占地两万零一十平方米，现有教学班二十一个，教师八十七名，学生一千三百余人。学校建有教学楼、学生公寓楼、微机室、图书室、实验室、美术室等，建成了校园网络。

（三）办学规模日益扩大

目前，县职教中心有教职工 215 人（聘请 69 人），现有教学班 48 个，各类学生 3700 多人。学校开设工民建、医疗、数控技术、旅游管理与服务、电子技术应用、计算机、应用电子技术、幼儿师范、办公自动化、汽车运用与维修、艺术等 13 个专业，其中工民建专业被教育确定为全国中等职业学校首批示范性专业。蕲寺职业中学现开设养殖、计算机基础及应用和园林三个专业。

（四）办学水平不断提高

在办学过程中，围绕“专业与市场零距离，教学与需要零距离，技能与岗位零距离，教师与学生零距离”的办学理念，不断深化改革。一是实行多样、灵活、开放的办学模式，建立以职业能力为核心的课程体系，优化学生的知识结构和能力结构，提高了学生的职业适应能力，不断加强专业建设，根据市场需求新专业；二是开展“订单式”培养，实行校企合作办学培养人才，成功地让学生顺利就业。学生就业满意率达 96%。就业优秀率达 90%；三是加强就业指导。学校开设就业指导课，增强了学生的综合素质，树立正确的就业观念，提高了学生的择业、创业、就业能力。四是积极推进职中学生职业资格认证工作，在职业学校实行“四证书”制度，即学生毕业时必须拿到《毕业证》《计算机等级证》《汽车驾驶证》《技能鉴定等级证》。

（五）服务经济，职业教育的社会功能明显发挥

在搞好正常的教育教学同时，充分发挥了职业学校教学资源优势，大力开展了多种形式的短期培训。据不完全统计，县职教中心自办学以来，短期培训一万二千多人次，为县域经济的发展，为农民脱贫致富奔小康做出了显著贡献。

二、存在的问题

近年来，国家高度重视职业教育，相继采取了一系列重大措施，对职业技术教育提出了更高的要求。静宁县职业教育发展虽然有了一定的基础，但与经济社会发展的要求、与企业的务工需求相比仍有较大差距。职业教育整体上仍然处在奋力爬坡的阶段，还面临着诸多困扰，多年存在的招生难、生源素质提高难、就业难现象仍然突出。

（一）思想观念滞后，认识存在偏差

近几年由于高校扩招引发的“普高热”以及“精英”教育的观念，导致社会人才观和择业观的偏颇，从而造成了社会、家长、学生对职业教育的轻视。一些单位用人标准的唯学历“浮躁”现象，以及不严格执行劳动就业准入制度，直接影响了全社会对职业教育的重视程度。我国正处在经济转型期，政府和职能部门还未能完全从战略和全局的高度，认真思考发展经济靠什么，职教发展抓什么，从而没有真正把服务经济的着眼点放在人才培养上，把加快发展职业教育摆在更加突出的位置。广大群众对职业教育地位、作用认识还不够，职业技术教育在相当一部分人的眼里是比不了普通高中，上不了大学的无奈选择。加上广大学生家长和学生普遍认为读普通高校是改善生存环境、步入“白领”阶层的最佳途径，轻视职业教育，盲目卷入“高考热”中，导致静宁县职业教育发展较为艰难。因此，静宁县的职业教育还处于发展阶段，学校教学质量及社会声誉还赶不上普通高中，影响了一些初、高中毕业生接受职业教育的积极性。

（二）教师队伍素质较低，师资力量薄弱

主要表现在以下几方面：一是原来就在职教岗位任教的教师，占少数；二是从普通中学转入的一部分教师，数量较大，这部分教师从事职业教育是新手，缺乏相应的经验，对于培养学生的实际技能显得力不从心；三是最近几年从普通高校毕业生中补充的教师，这部分教师学历高、年轻，但

经验明显不足；四是专业课和文化课教师的结构不合理，文化课教师比重偏大的问题较为突出；五是“双师型”教师非常少。就县职教中心教师现状而言，现有教职工 146 人，而专业课教师只有 38 人，仅占教职工总数的 26%，而且双师型教师非常少，职教特色不够鲜明。

（三）资金投入不足，制约事业发展

资金投入总量少、底子薄、基础差，已成为制约静宁县职业教育发展的“瓶颈”。学校发展建设资金主要靠学校贷款、借款，政府投入较少，负债较大，制约着学校的进一步发展。

（四）准入制度执行不严，职业教育发展受到制约

国家制定的劳动预备制度，就业准入制度等没有得到有效执行，用人单位自由用人的现象普遍存在，直接影响了职业教育发展和劳动者素质的提高。

（五）招生难度增加，生源质量较差

近些年，随着普通高校和普通高中持续扩招，“普高热”现象致使职业学校招生陷入困境，静宁县也不例外，加之县外职校为了自身生存发展而对招生对象几乎不做任何条件的限制，导致了生源争夺的不断加剧。近年来，尽管静宁县对职业教育招生采取了一定的措施，但每年平均只有 1400 人左右，且因其文化基础参差不齐，增加了职校在教育管理上的难度，并对职校的教育教学秩序、教学质量甚至办学声誉产生了不利影响。

三、对策建议

（一）坚持政府主导，着力发展职业教育

强化职业教育在服务全县新农村建设、服务县域经济发展中的基础性、战略性地位，把发展职业教育摆在全局工作的重要位置，政府从组织领导、政策措施、统筹规划、经费保障、目标责任、检查指导等各个环节上建立长效机制，充分发挥其社会助推器的作用。

（二）提高思想认识，加大宣传力度

教育是一种半公共产品，发展教育既是国家发展的基本要求，也是政府部门不可推卸的责任。在当前形势下，政府要从传统、狭隘的人才观念与就业观念中解放出来，充分认识开展职业教育的必要性和重要意义，在此基础上给职业教育提供公平的发展平台。同时，发展职业教育，离不开社会各界的广泛理解与积极参与，离不开家长和学生的普遍认同。因此，要充分发挥广播、电视、报纸、网络等大众媒体的作用，宣传优秀技能人才和高素质劳动者的劳动价值与社会贡献，大力倡导尊重人才、尊重技术、尊重劳动、尊重创造的社会风尚，营造大力发展职业教育的良好社会氛围。

（三）改革办学模式，创新办学机制

1. 具体体现在以下六个方面：专业设置要符合当地经济建设的需要。静宁县的职业教育应当及时地了解本县乃至本省及其他省市对不同专业的人才需求，以便更好地与市场相适应。

2. 加强教学管理。要不断调动教师的积极性和主动性，发挥他们的创造才能，使广大教师主动参与到教育科研与教育改革中，不断提升在校学生的专业知识水平，优化知识结构；充分挖掘潜在力量，结合市场需求设置新课程，尽快与先进办学模式看齐。

3. 要以市场为导向，强化职校生实践能力和职业技能的培养，切实加强生产实习与社会实践，逐步建立有别于普通教育的具有职业教育特点的人才培养、选拔与评价标准和制度，把学生的职业道德、职业能力与就业率作为考核职业教育教学工作的重要指标。

4. 积极教育教学与生产实践、技术推广与社会服务的紧密结合。开展“订单式”培养，加强职业指导和创业教育，建立与完善毕业生就业和创业服务体系，推动职业学校更好地面向社会、面向市场办学。

5. 推行校企合作的人才培养模式，推动职业学校与企业建立紧密联系，改革以学校和课堂为中心的传统的人才培养模式，实施校企合作的人才培养模式。

6. 实行“走出去”战略。进一步推进静宁县职业教育与发达地区职业院校、企业的联合招生、合作办学，开拓就业市场，从而达到双赢。

（四）加强队伍建设，提高执教能力

加强职业教育师资队伍建设，提高职业教育教师素质，是当前推动职业教育改革与发展的一项重大而紧迫的任务。具体体现在以下三个方面：

1. 进一步拓宽教师来源渠道，吸引更多的优秀人才到职业学校任教。通过各种人才交流平台面向学校选拔优秀大学毕业生到职业学校任教，面向社会广泛聘请有丰富实践经验的退休专家和技师以及各行业、企事业专业技术人才和高技能人才到学校兼职任教。

2. 重视职业教育师资的培养和培训。创新职业学校教师继续教育制度，建立职业学校教师定期到企业实践制度，切实提高教师的素质和能力，特别是动手能力和实践教学能力。

3. 深化职业学校的人事分配制度改革，充分调动广大教师的积极性。配合人事制度改革，逐步建立职业学校固定岗位与流动岗位相结合、专职与兼职相结合的用人新机制。

（五）强化教学改革，提高人才培养质量

职业教育教学质量不高的主要表现为毕业生的政治素质不过硬，专业思想不够稳定，实际动手能力差，工作适应期长，不受用人单位欢迎。在教学内容上，根据中等职业技术教育的特点，规定的专业实践时间不得少于总课时的 $^1/_3$；在教学方式上，重视实验教学和实习教学，下大力气抓了实验室和实习基地的建设，在建立专业教学、技术服务和实习生产三位一体教学新体系的工作中迈出一大步。要注重加强实践教学，注重实训室（实训中心）的建设。依托先进的初衷设施设备，进行高度仿真的模拟训练，练就一手过硬的工艺技术，通过“上学如上岗，上课如上班”的模拟训练，可以达到“零距离就业”，深受用人单位的欢迎。

（六）加大资金投入，促进职业教育发展

政府要加大对职业教育的投入，支持静宁县职业学校，特别是县职教中心更新实习设备，改善教学实验设施，加强学校基础能力建设和改善办学条件，努力提高办学水平。

（七）坚持学用结合，强化技能培训

静宁县的职业学校应坚持服务“三农”的方针，围绕静宁县产业结构调整，开展大规模的技术培训，达到开设一项专业，拉动一个产业，带富一方农民的目标。要主动与县阳光办、县扶贫办衔接，承担农村劳动力转移培训项目，大力发展中短期培训，为有效开发静宁县劳动力资源，提高劳动者素质，促进农村劳动力有序、稳定地向非农产业和城镇转移，增加农民收入，带动区域经济跨越式发展，加快城镇化建设和全面建成小康社会进程做出应有贡献。

案例二：抓劳务旗帜领航奔小康不忘初心——甘肃省静宁县人社局突出党建引领助力就业扶贫

走进甘肃省静宁县灵芝乡尹岔村，整洁的村貌和喜笑颜开的村民立刻感染了慕名来访的客人，尹岔村的出名不仅仅是这个不起眼的小山村山清水秀、气候宜人，更是因为静宁县人社局突出党建引领助力就业扶贫的“三盯三抓四坚持”模式在尹岔村的生动实践，提技能、兴产业、强组织、夯基础，尹岔村的面貌焕然一新，成了远近闻名的“明星村”。

一、调查背景

尹岔村位于静宁县灵芝乡中部，是灵芝乡政府所在地，全村共有耕地面积 3864 亩（1 亩 =666.67 平方米），全为山地，其中陡坡地 2800 亩，人均占有耕地 3.6 亩。全村辖 6 个村民小组 238 户 1072 人。2016 年全村建档立卡贫困户 88 户 408 人，贫困发生率 38.06%。全村享受农村低保人数 58 户 212 人。2015 年人均纯收入 2585 元。目前共有党的基层组织 1 个，共有党员 38 名，党支部班子成员 5 名，村委班子 5 人。

尹岔村的过去不堪回首。全村道路不通，收入不增，面貌不变，是一个班子弱、民心散、管理乱、经济差的贫困村。当时村民守着人均 3.6 亩耕地，受传统观念束缚，多年来靠种植旱作农业，种植结构单一，日子过得紧紧巴巴的。由于生活拮据，姑娘们盼着远嫁他乡，小伙子们争着外出打工。儿女为老人治病的费用发愁。娃娃上学，大人为零用钱犯难。“地无三尺土，漏沙没有底，一年四季忙，到头还是苦”，这就是当时真实的写照。

省市县各级实施的旨在增强贫困群众“造血”功能的就业扶贫政策，大多流于形式，甚至演变为一种给钱给物的救济慰问活动。“扶贫必先扶智，治穷必先治愚”，要实现脱贫摘帽，尹岔村必须从“造血”处着手，依托“精准劳务”，助推产业升级，实现“精准脱贫”。

二、具体做法

在就业扶贫工作实践中，静宁县人社局立足“阳光人社·服务先锋”党建品牌，将就业扶贫与基层党建工作深度融合，把抓好党建促进就业扶贫作为服务脱贫攻坚“一号工程”的重要抓手，把就业扶贫作为“两学一做”常态化的实践阵地，以党建为引领助推精劳务，以工匠心下绣花工夫助脱贫攻坚。

（一）紧盯推进特色优势产业，适时适地抓农业实用技术培训

按照灵芝乡“山顶植树造林、山腰旱作农业、山底栽果建园、沟道打坝蓄水”的立体农业发展模式，尹岔村转变陈旧观念，积极调整产业结构，整合项目资金，大力发展种植业、养殖业模式，推广旱作农业 4500 亩，种植玉米 3000 亩，果园套种洋芋 1500 亩。县人社局紧紧围绕尹岔村玉米、马铃薯、草牧、果蔬等优势特色产业种植、加工、销售等关键环节，着力强化农村实用人才和实用技术培训，促进科学种田、科学养殖、科学经营。“现在政府组织的果园管理培训班办得太及时了，疏花的时候给我们培训疏花，追肥的时候给我们培训追肥，就我这大老粗，都成果专家了。”在参加完为期一周的幼园果园管理培训班后，村民李茂盛脸上笑开了花。在培训工作中，县人社局积极创新培训方式方法，整合农牧、林业、科技、

工会、妇联、扶贫等各类培训资源，分层推进，适时、适地、适才开展培训，邀请林业、农牧、科技等方面的专家，把党和国家的涉农方针政策、法律法规以及果木蔬菜、畜禽养殖等不同环节、不同时段的各种实用技术编成“菜单”，由农民按需“点菜”，专业技术人员“配菜”，因时、因地、因人培训，突出现场培训和技术指导，实现培训、指导、服务一体化。

（二）紧盯大力发展劳务经济，因人因才抓精准输转精准就业

县人社局紧紧围绕市委、市政府“远抓苹果近抓牛、当年脱贫抓劳务”的劳务产业总体思路，立足角色定位，构建“党组织＋劳务公司（中介机构）＋企业＋劳动力”产业模式，完善县、乡、村三级劳务体系抓产业协调；以就业扶贫“一库五名单”为基础，运用“互联网＋劳务”信息模式，开发静宁智慧劳务信息系统，搭建“我要务工”“我要用工”“我要培训”“监管运行”四大劳务平台抓产业对接；采取就业推动、基地输转、劳务协作、返乡创业、就近转移、公益专岗等“六个一批”举措，推动劳动力批量输转，有效增加贫困劳动力工资性收入。立足尹岔村劳动力用工需求实际，积极对接县内外有用工需求的企业，有针对性地对有输转意愿的富余劳动力进行技能培训，组织和介绍有贫困家庭劳动力外出务工，开展“北劳南移”等有特色的劳务输转活动。村民吴永刚说：“平常农闲时不是打扑克就是闲逛，自从有了这个（就地就近劳务输转），省时省心还挣钱。”据吴永刚粗略计算，仅此一项，一年就多收入3万多元，这对于一个五口之家来说无疑是非常可观的收入。同时县人社局积极推行培训鉴定输转一体化模式，组织贫困家庭劳动力进行家政服务员、服装制作工、保安员等十六个工种的职业技能鉴定，鉴定合格发放《职业技能资格证书》，使技能培训与职业鉴定、转移就业结合起来，为农村劳动力就业搭好桥、铺好路。通过调整农业结构，加快农业产业化发展，以“龙头企业＋基地＋农户”“基地＋农户＋市场”等为主要形式，发展效益型农业。尹岔村瞄准市场，养牛业坚持走“小群体、大规模”的发展路子，发展养殖专业合作社两家，发展十头以上养牛大户二十五户。同时以农业合作社和家庭农场为载体，发展野猪、散养鸡等特色养殖业，养殖规模及效益进一步显现，群众致富门路进一步拓宽。

（三）紧盯强基固本规范化，依规依章抓“一强三创”

“村看村，户看户、群众看党员”，一个村的发展关键在于有一个好的班子。

1. 是坚持领导讲党课

在由人社部门承担的就业技能、SYB 创业、劳务品牌、岗位技能提升等各类培训项目中，常态化地邀请局党总支书记、局机关各支部书记、各委员，紧紧围绕学习领会宣讲党的十九大精神，联系人力资源社会保障工作实际，深入浅出地讲解习近平新时代中国特色社会主义思想的精神实质和丰富内涵、分享“两学一做”常态化制度化学习经验、交流党建统领“一强三创”行动基层党建创新案例、学习“陇原先锋”“成纪先锋”党建品牌的生动实践等内容。

2. 坚持党员传经验

“张营村主要是发挥好三带作用，即党组织带领、干部带头、党员带动……”在全县农村致富带头人示范培训班上，来自原安镇张营村的支书分享着自己的经验。为了使技能培训内容更加接“地气”、更能学“实招”，县人社局在每期技能培训中间，增办“党建引领技能提升讲坛”，邀请当期培训学员中的中共党员、入党积极分子和优秀培训学员登台授课，和全体培训学员分享自身党员经历，分享参与基层党建经验，分享培训学习心得体会。同时，适时地邀请全县部分村党组织书记进行座谈交流，畅谈建强基层组织，推动就业扶贫的想法和做法。

3. 坚持主题党日常态化特色化

紧紧围绕人社局党总支主题党日制度的规定，各职业技能培训机构立足学校特色和培训项目，依据当期培训班党员人数，依托培训工种，灵活多样的成立挖掘机装载机、保安员、缝纫工、工艺品雕刻工、果树工、家畜饲养员等临时党支部，完善“一工种一主题党日”特色创建活动，创新方式方法，不断探索开展更有吸引力感染力、更具针对性实效性的主题党日活动。

4. 坚持党建考核抓保障

研究出台《静宁县脱贫攻坚劳动力培训工作考核办法》，建立工作推进、目标引领、激励考评三个机制，让党建领航就业扶贫行动落地见效。通过定期召开工作推进会、完善工作台账，进一步明确任务、标准、责任、时限等要求，持续加大扶贫成效及劳务特色亮点在党建工作考核中的权重，横向比对、纵向排名，并进行目标责任制考核季度加减分。

在做大做强尹岔村的优势特色产业，村党支部积极探索、创新以培训为依托的党建模式，把支部建在了产业链上，实现了农民富在产业链上的目标。通过组织调训、集中轮训、专题培训、网络选训等方式，开展理论政策教育、党性党风教育、党纪党规教育及能力素质教育，实现了技术上互相学习、信息上互通有无、资金上互相资助的效果，党支部的堡垒作用更加坚强，有效带动了产业的发展，提高了党员群众的组织化程度和抵御市场风险的能力，加快了农民致富增收的步伐。坚持用“四议两公开”工作法讨论决定和组织实施村上的重大事项，开展了“四议两公开”工作法集中培训宣传活动，让村干部深刻领会、熟练掌握程序、步骤、要求和方法，提高党员群众对“四议两公开”工作法的知晓率，并将每月 10 日定为“民主公开日”，对涉及本村党务、村务方面的事项和群众“点题”的落实办结情况及时进行公开，群众的满意度达到了 100%。设立了便民服务代办中心，由村干部轮流定时坐班，及时帮助群众解决生产生活中的困难和问题，有效解决了联系服务群众“最后一公里”的问题。几年来，村内未发生过刑事案件和集体上访事件，全村形成了勤俭持家、文明生活、人人争先、健康向上的良好风尚，村风文明健康，群众安居乐业。

正如尹岔村村民吴培福说的：“这几年国家政策好，项目多，培训扎实，使我们农村有了翻天覆地的变化，你看这路也硬化了、房子也基本上全都翻修了，苹果园也都发展起来了，而且这几年我们都见效益了，比我们种庄稼可挣的多多了。还有村里修建了文化广场，别提有多洋气了，到农闲时就去那里跳舞啥的，真热闹。”

这是近几年农村真实的写照，是党和人民共同努力的结果。

三、重要启示

在就业扶贫工作实践中，静宁县人社局立足“阳光人社·服务先锋”党建品牌，将就业扶贫与基层党建工作深度融合，把抓好党建促进就业扶贫作为服务脱贫攻坚“一号工程”的重要抓手，把就业扶贫作为“两学一做”常态化的实践阵地，创新实践党建引领助力就业扶贫的“三盯三抓四坚持”模式，以党建为引领助推精劳务，以工匠心下绣花工夫助脱贫攻坚，走出了一条党建领航就业扶贫的新路子。

案例三：风雨月嫂路——陈凤琴月嫂职业感言

一个人的成就，与岁月、学历均无关，却与经历有关，最根本决定于经历之后做了什么——有没有去思考、去感悟。陈凤琴作为一名“60后”的职业人，她分享着她的故事，分享着和月嫂的故事，事无巨细地告诉大家她生活的点点滴滴。她勤劳朴实，给大家带来她认为的和“月嫂”有关的尚不全面的经验，希望能与同行分享，为临产宝妈提供帮助，也让大家对“月嫂”这个新型职业有所了解。

陈凤琴是甘肃静宁人，是一名月嫂，从2016年入职到现在。人们常说有一份热爱的事业，然后从中获得属于自己的生活，这才是幸福。确实，她选择月嫂这个行业，很偶然，很幸运。当时，她有朋友生宝宝，因关系不错，便毛遂自荐。在入户前，通过网络媒体收集学习了产妇及新生儿护理知识，但在实际工作中发现母婴护理知识十分欠缺，边工作边学习。2017年，她报名参加了静宁县实达职业培训学校的“月嫂”培训班，并取得了月嫂资格证。但她并没有就此满足，她为了学习更加专业的知识，于2018年考取了育婴师资格证，于2019年考取了母婴护理师资证。同时为了让更多的姐妹了解学习“月嫂”这一行业，她在静宁、会宁等地培训家政、月嫂学员累计五百多人次。

在工作中，虽然很累很苦，但取得的工作成绩和客户对她的认可和褒奖，更有一个个由呱呱坠地到白白胖胖咿呀学语的宝宝对她发出的似乎会心的甜笑，让她对“月嫂”这个行业越干越爱，她突然发现她选择了一个能让自己幸福快乐的新型行业，她为当初正确的选择而自豪！在这里我她特别感谢她的第一位客户李言宝宝和妈妈，初次进户工作，是他们母女给了陈凤琴从事这份工作的勇气和信心。五年多来，圆满的护理过二十多个新生宝贝。她通过对宝宝一哭一笑、一屎一尿，能准确地解读出宝宝的需求，并能予以相应的照顾，让宝宝合理作息，健康成长。给产妇月子科学配餐，制订产后恢复计划。每当看到宝妈满意的表情和宝宝健康的微笑她感到很是欣慰。每一次工作结束，宝妈都会留下温馨赠言等对她的工作给予肯定。通过努力和细心工作，这些年来她与所有客户建立了良好的关系，并在方便时回访。这些都更加坚定了她当初选择“月嫂”和对于干好干精这个行业的信心。虽然经历过一些坎坷，但是这些年的经历对她是一种永远的财富。

“月嫂”这个行业，其实要求非常严格，一定要经过专业系统的培训和考核，个人还要具备一定的文化素养和悟性，更重要的是要充满母爱之心，视婴儿如己出，照顾产妇如亲人。从业人员要掌握人体的经络、穴位、婴儿护理、孕产妇护理的知识和中医疗法，帮产妇调理身体，对婴儿进行专业护理，让新生儿的健康成长有一个良好的开端。宝宝是每个家庭的巨大希望，更是祖国的未来。在这个快步发展的时代“月嫂”也是奉献者，输出的更是正能量！

案例四：对静宁县民办培训机构开展职业技能培训现状与问题的调查

近年来，静宁县民办职业培训机构数量不断增加，培训规模不断扩大，职业培训制度机制初步建立，职业技能培训工作取得了显著成效，劳动者职业素质和就业能力得到不断提高，对促进就业和经济社会发展发挥了重要作用。与此同时，人社部门对所属机构的服务和指导功能不断完善，监督和管理职能进一步加大。为进一步规范办学行为，促进民办职业培训机构健康发展，更高层次地提升人社部门的管理和服务职能，围绕省市着力解决联系服务群众“最后一公里”问题和“开门搞活动，上门听意见”的要求，近期，静宁县人社局组织相关人员深入人社局定点职业培训机构，对开展技能培训的情况和存在的困难、问题等做了认真细致地调研。

一、调查背景

2010 年国务院出台了《关于加强职业培训促进就业的意见》(国发［2010］36 号)，进一步强调各地要根据国家有关法律法规规定，鼓励和引导社会力量开展职业培训，在师资培养、技能鉴定、就业信息服务、政府购买培训成果等方面与其他职业培训机构同等对待。同时，要依法加强对各类民办职业培训机构的指导、监督与管理，推动民办职业培训健康发展。2013 年平凉市人力资源和社会保障局又印发了《平凉市职业技能培训创业培训管理暂行办法》(平人社发［2013］106 号)，旨在进一步加强和完善全市职业培训监督管理机制，规范培训行为，提高培训质量和效果。上述意见和办法是促进各级各类职业培训机构规范办学健康发展的纲领性文件，也是人社部门充分发挥服务指导和监督管理职能的依据和准则。目前，静宁县已取得办学许可证并纳入人社部门管理的民办培训机构有十五所，近年来，各民办职业培训机构在静宁县人社部门的精心指导和监督管理下，积极参与职业技能培训工作，为县域技能人才培养和经济发展做出了应有贡献。与此同时，职业培训工作仍不适应社会经济发展、产业结构调整和劳动者素质提高的需要，职业培训的制度需要进一步健全、工作力度需要进一步加大、针对性和有效性需要进一步增强。所以，如何尽快建立满足与社会需求、市场需求、企业需求相适应的就业技能培训体系，既是摆在民办职业培训机构面前的重大现实难题，也是上级主管部门责无旁贷需要认真帮助和研究解决的问题。

二、基本现状

目前，静宁县人社局所属民办职业培训机构共十五所，依次为静宁县实达、新希望、津银、胜利、旭晨、金红、五州、陇艺、戎翔、至瑞、凯杰、昂达、成才、静美、蓝凌职业培训学校，它们分别承担着由人社部门为全县“五类人员”举办的免费职业技能培训工作。培训专业（工种）主要有服装制作工、计算机操作员、家政服务员、美发师、前厅服务员、客房服务员、餐厅服务员、物业管理员、果树工、家畜饲养员、电子商务员、电工、焊工、中式烹调师、乡村旅游服务员等共计二十多个。由于培训时间短、培训层次低、专业设置单一等原因，短期技能培训人员的就业率也低，这种低层次的技能培训，已经难以适应快速变化着的市场对高技能人才的需求，培训与就业的矛盾日益突出。

三、存在的问题

各民办职业培训机构在办学过程中，虽然不断加强自身建设，完善制度管理，拓展培训专业、创新培训模式，根据市场需求提高培训针对性和实效性，业务指导部门也能及时根据人力资源市场需求和企业用工情况尽可能提供政策帮助和信息指导，但各民办培训机构在开展技能培训过程中仍然存在较大问题，突出表现在以下三个方面：

1. 培训内容缺乏针对性、实用性，办学质量和效益不高。不能紧跟市场需求拓展新的培训专业（工种），专业设置不能有效地对接产业，与当地企业用工需求不相适应，不能满足城乡劳动力就业再就业的需要。

2. 教师资质不达标。民办培训机构的培训人员普遍存在培训资质不达标的问题，高级以上职业资格人员短缺，教学人员整体素质偏低，难以开展较高层次的职业技能培训，更谈不上创新管理和培训模式，很大程度上制约了培训专业的拓展和培训质量的提高。

3. 资金投入严重不足。部分培训机构租赁的办学场地，因规模小、档次低、租期短、基础条件相对薄弱，难以开展较大规模的培训。另外，民办培训机构自身对职业培训能力建设的资金投入不足，实训设施设备落后，导致培训形式单一，培训层次较低，难以适应新形势下就业培训的需要。

上述问题表明，民办培训机构创新不够，对抓培训质量和培训学员的就业率重视不够、措施不力。同时，职业培训的体制机制不健全，人社和财政部门的服务功能发挥不到位。而且，基础设施建设滞后，制约着职业培训的快速健康发展。

四、建议和对策

（一）健全职业培训制度

适应城乡全体劳动者就业技能需要和职业生涯发展要求，加快建立现代职业培训体系建设。建立产教融合、校企合作的技能人才培训模式，大力开展就业技能培训、岗位技能提升培训，培养高素质劳动者和技能型人才，贯通技能劳动者从初级工、中级工到高级工的成长通道。

（二）面向市场培训

坚持市场导向，突出培训针对性和实用性，提高培训质量。职业培训要坚持正确的方向，面向市场，面向企业，面向劳动者，为调整产业结构、扩大劳动就业、提高企业竞争力和满足劳动者求职需要服务。主要体现在以下四个方面：

1. 要根据劳动力市场需求调整和把握培训方向。

2. 要根据企业生产经营的实际需要设置课程。

3. 与用人单位建立合作伙伴关系，实行“订单式”定向培训。

4. 创新培训形式。始终坚持培训促进就业的原则，采取集中授课与现场指导相结合，自选培训内容与教学互动相结合的方式进行培训，因人施教，因岗施教，增强培训的针对性、实效性，切实提升各类技能人员的职业技能和培训质量。

（三）切实加强指导服务职能

业务主管部门要加强对培训机构的公共服务，为培训机构和各类劳动者提供完善的职业培训政策信息咨询、职业指导和职业介绍等服务，定期公布人力资源市场供求信息，引导各类劳动者根据市场需求，选择适合自身需要的职业培训。并积极动员组织各类劳动者参加职业技能鉴定，协助落实相关就业扶持政策，促进其实现就业。

（四）完善制度建设

不断完善规章制度建设，为民办职业培训机构发展提供政策支持。建立支持培训机构稳定持续发展的保障机制，加大就业专项资金对民办机构和职业培训的支持力度，逐步提高职业培训支出比重。出台就业准入制度，提高培训人员的就业稳定率和就业质量。实施职业培训督导制度，督促地方政府和主管部门重视和管理好民办培训机构。对职业培训教材开发、师资培训、职业技能竞赛等基础工作给予支持，解决培训师资缺乏和素质偏低的问题。加大培训资金投入，为民办职业教育跨越发展提供政策支持。

案例五：乡村振兴背景下静宁县技能大赛方式助培训质量提升的做法

乡村振兴，人才先行。近年来，甘肃省静宁县人力资源和社会保障局积极对接市场就业需求，立足县域果产业发展和劳动力资源优势，紧盯静宁苹果、平凉红牛、特色蔬菜、绿色建材及制造、文旅康养、生态环保六条重点产业链，以技能培训、劳务输转、职称评定为重点，建立健全“培训机构 + 用人单位 + 劳动力”的培训机制，通过集中培训、以赛代训、观摩交流等灵活多样的方式，因时因地因人着力组织实施以电子商务、果品种植、家畜饲养等为特色的多样化系列就业技能培训，助力乡村振兴。

为有效解决全县农村劳动力技能培训资源利用不充分、培训内容针对性不够强、培训管理不够规范、培训资金使用效益不高等问题，着力提升全县农村劳动力技能培训质量和水平，甘肃省静宁县人力资源和社会保障局立足县域苹果产业发展和劳动力培训需求实际，通过积极组织技能大赛的方式，走出了一条依托技能大赛着力提升乡村振兴职业技能培训质量的新路子。

一、技能大赛的基本情况

为全力争创“静宁果农”国家级劳务品牌，着力打造一支理论扎实、技术精湛的高技能静宁果业人才队伍，2022 年 3 月初由县人力资源和社会保障局举办，平凉机电工程学校、县果树果品研究所和县实达职业培训学校等 6 家培训学校联合承办的，静宁县 2022 年第一期“静宁果农”劳务品牌乡村振兴技能大赛在平凉机电工程学校火热开赛。大赛以“铸品牌凝心聚力、促振兴勇毅笃行”为主题，按照“五个统一”要求（即统一教材、统一教师、统一标准、统一模式、统一考核），实施“4+3”培训竞赛模式（即四天集中理论实操学习 + 三天观摩竞赛考核）。共有来自全县六个乡（镇）的二百四十名果农，在各自所在乡（镇）分散实施四天集中培训的基础上，经第一阶段考试选拔，统一集中在平凉机电工程学校开始第二阶段为期三天的果农技能大赛。大赛从“说课路演”和“实操演示”两个环节入手，分“理论 + 实践”两个层面，考核评价果农务果技能理论讲解与实操实战等方面的综合能力素质。“说课路演”包含路演展示、质询答疑、互辩互动、民主打分、统一评定五个步骤，特别邀请县果树果品研究所主要负责人带领相关技术能手和部分县内果农代表，共同组成“静宁果农”劳务品牌技能大赛评委团，参与竞赛评分评选。“实操演示”包含树型评判、答疑解惑、实操演练、民主打分、集中评定五个步骤，在充分提供参赛学员分析、研判、操作、答疑、质询等竞赛参与的基础上，在全体参训学员的统一见证评判下，由大赛评委团民主打分和集中评定。经过三天的激烈角逐，共评选出金牌“静宁果农”五名，银牌“静宁果农”十名，铜牌“静宁果农”十五名。

二、举办技能大赛的基本经验

（一）高质量开展技能培训

积极对接，全面落实“十四五”职业技能培训规划实施意见确定的各项任务。推广职业培训券，充分运用“技能甘肃”智慧“大培训”平台开展培训。实施重点产业链职业技能提升计划，重点产业链条建设，大力开展特色产业发展所需的紧缺专业补贴性培训和专门现场实训。支持各类企业开展岗前、在岗和转岗培训，组织实施康养、家政服务、乡村振兴、新业态新模式从业人员等专项职业技能培训。

（二）认真落实技能人才相关政策

推进高技能人才振兴计划，支持高技能人才培训基地和技能大师工作室建设。畅通高技能人才职业发展渠道，支持企业开展首席技师、特级技师评聘工作，实施企业岗位技能提升培训。全面推行企业技能人才自主评价和社会评价机构等级认定，加大社会培训评价组织推荐遴选力度，实施专项职业能力考核。积极做好组织参加第 46 届世界技能大赛、新职业技能大赛准备工作。全面推行工学一体化技能人才培养模式。全面推进企业新型学徒制。

（三）实施乡村振兴帮扶地区职业技能提升工程

大规模开展乡村振兴劳动力职业技能培训，实施就业技能培训和创业培训。高质量发展养老、托育、家政等生活服务业技能培训，实施康养类职业技能培训。以实施“技能甘肃”行动为契机，推进“百万青年技能培训行动”，开展青年学徒培养、以工代训、技能研修、创业培训、新职业培训，培养更多“高级工”和“熟练工”，促进培训就业一体化。建立培训机构“黑名单”制度，加强培训过程、培训资金监管，确保职业培训良性有序发展。高质量完成静宁县公共实训基地建设项目规划选址、可研批复等前期工作，力争开工建设。

案例六：

甘肃创“静宁果农”劳务品牌：让农民工成为有职称的技工

七年前的王小平，背井离乡从事体力劳动，在一次返乡探亲时，参加了甘肃省静宁县人社局组织的苹果种植培训班，便决定留在家乡务果业。经过琢磨学习、请教专业人员，王小平逐渐掌握了科学务果技术，如今，管护家中二十亩苹果园的他，成了村里的苹果种植大户。

王小平家住甘肃省平凉市静宁县雷大镇陈局村，这里作为甘肃苹果的招牌，“静宁苹果”已遍布全国大部分地区餐桌，并逐步走向欧美、东南亚等地市场。基于此，王小平的果园为其带来丰厚报酬，他说：“去年套了十二万多袋，卖了将近十八万元。”在王小平看来，以前村子里有本事的人才能外出当农民工，而今，从事果业成为体面的职业，尤其自己还成为有职称的农民技工，发展果业便信心倍增了原来，王小平身份上的转变，源于他所在家乡创建的“静宁果农”劳务品牌，这是地方特色产业带动农民工就近就地，实现高质量劳务输转的典型代表之一。

截至 2022 年初，静宁县目前已创建“静宁果农”劳务品牌的示范培训基地十个，品牌示范就业基地五个，评定农民技术人员职称一百二十名，登记务果专业技术人员 2.8 万名，苹果种植大户 2.94 万户，在果品产业链上就业人员达到三万人以上，带动脱贫劳动力就业 1.7 万人。

“静宁果农”劳务品牌推进该县劳务产业规范化、品牌化、连锁化、职业化发展，促进果品产业和劳务产业双促进，静宁县围绕苹果种植、管理、营销，推进从业人员培训、输转一体化建设，开展农民助理技师、农民技术评定，平均每年培训以果树工为主的农村实用技术 1 万人（次）以上，年就地就近输转 3.6 万人。

近年来，静宁县发挥县域果产业发展优势和劳动力资源优势，加快培育建设具有县域特色的劳务品牌，把打造“静宁果农”劳务品牌作为助力乡村振兴的关键举措，通过集聚品牌效应、开展职称评定、强化培训输转、创建信息平台等内容，使“静宁果农”劳务品牌成为促进该县劳务增收的新名片，为加快当地农业农村现代化提供有力支撑。

据了解，“静宁果农”还设计劳务品牌标识，由苹果、果农、果树、“静宁果农”四个汉字及拼音等元素组成，品牌标识轮廓为大苹果，又形似地球，意味着产于北纬35度的静宁苹果将享誉全球、走向世界。将“静宁果农”标识置于苹果之下，是静宁县将依托苹果产业优势和劳动力资源，把“静宁果农”劳务品牌打造成与静宁苹果齐名的靓丽名片。同时，面带微笑、手持剪刀修剪果树的果农，体现出当地要把“静宁果农”培养成为有文化、懂技术、会经营的新型农民和劳动技工，从而实现其价值感、获得感和幸福感。标识主体呈绿色，象征着绿色、环保、有机、共享的发展理念，蕴含着静宁果业和“静宁果农”劳务品牌融合发展的新希望。真正让“静宁果农”成为幸福的农民、从事果业成为体面的职业、农民工成为有职称的技工。

图为“静宁果农”劳务品牌标识

第三章 乡村振兴背景下的人力资源培训

农村为国家经济社会的发展做出重要贡献。在乡村振兴战略背景下，我国农村地区的环境也得到了改善，不断产生新的机遇。然而，很多农村都存在一些问题，如技术知识不足、智慧外流等，农村人力资源急需得到开发。乡村振兴，人才为要。着力强调培养一批懂农业、爱农村、爱农民的人才队伍，打破人力限制，发挥人才支撑的作用。

第一节　乡村振兴背景下的乡村就业

新时期，对农村人才提出了新的要求。作为国家政策、方针的具体执行者，他们承担着组织和引导村民振兴乡村的重要职责，推动着农村社会经济的不断发展。要在充分了解农村发展现状的条件下，坚持引进来和走出去相互融合的制度，看清农村产业的优势和劣势，努力对外推广特色产品，打响品牌。

一、乡村振兴背景下农村人力资源开发的对策

（一）是调整人力资源开发思维

农村人力资源的开发，主要是针对有意愿从事农村农业活动、有一定知识技能且具备劳动能力的适龄人口，以及外来参与乡村建设工程的各类人才，年龄层覆盖了 18~65 周岁。新农村的人力资源开发，可以先将现有的农村人口划分为新农民、老农民两个范围。新农民指的是接受新事物能力强、积极性较高的人，特别是在农业新技术、产业新形态等方面，主动联系农业专家、村委会、农民、企业等主体，开展试点实验，积极探索“三

农”创新思路，释放更多的农业生产力。这些人员往往具备一定的知识基础，掌握了新的农业知识，能够根据时代的变革理清思路，对于激活农村人力资源有着较大的影响力。

（二）是细化人才诉求政策

乡村振兴需要多样性人才，如善于经营、善于创新、善于营销、善于联合合作等知识型、技术型人才，同时还要理解“三农”的具体情况，熟悉本土乡情，了解如何使用“互联网+”技术，懂得最新的时事政策。为了尽可能地培养、吸纳、聚集上述人才，建议从源头做起，提供保障，加强投资环境、公共服务、政策资金保障、法律法规保障等，通过构建完善的人才激励计划，留住更多的有用之人。健全回乡创业保障体系，营造良好的氛围。要将农民增收作为总体目标，推进乡村三大产业的交叉融合，提高人才回乡服务的信心和热情。持续强化农业知识技术培训、宣传力度，吸引社会、企业投资，树立振兴乡村、创业成功的榜样，发挥示范引领作用。完善人才引入专项细则，为回乡人员提供创业培训、投资咨询等服务。对于优质外来人力资本，应当充分利用区域资源优势、政策优势，为他们提供必要的政务、医疗、住房等服务政策。

（三）是健全人资培训机制

针对现阶段乡村人资教育体系不足的问题，可以建立基础教育+新型职业教育的融合体系。设立农村人才培训专项基金，加大公共文化服务投资力度，提高农村人口的整体素养，达到开拓视野，提高他们接受新事物、新知识、新技能的思维。为确保农民职业培训的系统性、针对性，需要按照专业院校、农业大学等模式来开展。此外，还可以设立在线科教平台，为有需求的农民提供条件，满足不同年龄段、不同生产需求的农民的知识需求，推动人力资源逐步转化为经济资源，乡村振兴离不开新生力量的催生，建议将乡村产业规划与人力资本同步落实，实现产业发展与人才培养的无缝对接，按照新的产业布局，策划能够发挥乡村资源优势的项目。我国必须要重视农村教育的投入问题，不管是培训目标、培训方式还是培训内容，都要把控好重点，让新农民拥有更好的职业技能，这也是人力资源工作的基本职责。

案例一：新需求催生新变化乡村振兴培训火了

近日，酉阳首所乡村振兴学院在车田乡正式建成投用，首批五十名学员开始在这里接受乡村振兴知识的系统培训。

全面实施乡村振兴战略，深度、广度和难度都不亚于脱贫攻坚，对于高质量人才的需求更为迫切。《重庆日报》记者了解到，随着乡村振兴战略的全面推进，涉农培训已掀起一股“热潮”。

2021 年，仅市农业农村委、市乡村振兴局就分别组织培训高素质农民 2 万人次、脱贫边缘户技能培训 5000 人次，较此前均稳中有增。我市一些区县和乡镇，纷纷开设以乡村振兴为主题的培训学校或实训基地，一些商业培训机构，也以乡村振兴的名义，开办各种职业技能培训。

涉农培训现状如何？较此前出现了哪些变化？又存在哪些问题？近日，记者进行了采访调查。

变化一：典型示范点培训成新趋势

去年 12 月 10 日至 17 日，来自江津的农业技术培训讲师夏洪举参加了一场由市农业部门牵头举办的讲师培训，其中有一项课程是在铜梁西郊绿道示范片开展实地观摩学习。

“西郊绿道示范片是全市农文旅融合发展的优秀案例，他们的发展理念和模式都值得学习借鉴。”夏洪举说，近年来涉农培训逐渐适应新需求，开始走出教室，走到田间地头开展观摩学习，尤其这两年，到乡村振兴示范点实地参观学习更是成为新趋势，对参培人员来说指导性更强。

夏洪举实地考察了铜梁的苗木、柑橘、玫瑰花三个产业发展情况。“确实开眼界，能看出他们的发展是有系统规划的，把产业、风景、文化这些要素融合得特别好。”夏洪举说。

但这趟培训之旅，夏洪举也有遗憾，感觉自己一些深层次的疑惑并没有得到解答。

“当地的干部和业主分别讲了发展政策、规划和产业发展模式，但分享得不够深入，许多关键点没有讲透。”他举例说，当时一名村干部介绍当地通过流转土地成立了合作社，并建立了利益联结机制让合作社可持续发展，但听起来特别笼统，“就拿土地流转来说，他们到底是怎么做村民思想工作的，这才是关键信息点，但介绍得不多。”

在典型示范点开展培训是当下极受干部群众欢迎的模式，其好处在于可以学习借鉴现成的先进经验。而且每个示范点各具特点，其提供的经验不尽相同，为参培者学习提供了多个样板，如铜梁西郊绿道示范片是乡村振兴方面的，石柱中益乡则是脱贫攻坚方面的。

那么如何才能将典型示范点的先进经验讲透，让干部群众学以致用？

相关负责人认为，这需要相关部门和当地培训队伍，对典型示范点的成功经验进行认真提炼总结，梳理出能够推广的关键经验和重点、难点问题的解决办法，同时针对不同的参培者对课程进行科学规划设计，帮助他们将学习的经验落地生根。

变化二：农文商旅融合发展成新课程

进入冬季后，石柱黄水进入旅游淡季。抓住这个机会，当地“巴盐古道幺店子”农家乐老板娘谭静报名参加了一场乡村旅游致富带头人培训，为自己“充电”。

作为黄水最早一批开办农家乐的业主，谭静直言她这10年来的发展壮大离不开培训的帮助，也深刻感受到了培训工作的与时俱进。

2011年，谭静的农家乐开始营业。在当地政府的推荐下，她参加了一场在西南大学举办的培训。当时整个乡村旅游产业都处于起步阶段，培训的内容主要是接待礼仪、菜品搭配以及摆盘这些基础内容。谭静说，当时她学习到的最关键内容就是“农家乐要做出特色”。回去后，她就将餐具换成土家陶土碗，自己也换上了土家传统服饰，初步完成了农家乐民族特色的定位。

最近几年，乡村旅游日渐红火，相关产业也得到蓬勃发展，逐步从粗放型向精细型转变，内容也从接待游客吃饭和住宿，拓展到集吃穿住游购娱于一体的农文商旅融合发展，形式变得多样化。

“这两年的培训，引导我们更新经营理念，将农家乐做出品质。”谭静说，在最近一次培训中，专家就讲了乡村旅游产品的创新、乡村艺术的探索等内容，还剖析了一些典型案例。

结合近年所学，谭静也不断对自己的农家乐进行提档升级：通过与新华书店合作，在农家乐设置了读书墙，供游客闲暇时阅读；与当地景区合作，为客人提供景点门票的优惠价预购；打造阳光餐厅，提升店内环境；结合康养石柱定位，利用当地丰富的中药材资源，开发食补菜品；为游客提供当地农产品的代买服务等等。

“总体来讲，相关部门组织的培训一直在根据行业发展趋势更新授课内容，极大开阔了我的思维和眼界，这是我的农家乐能够持续稳定经营的重要支撑。”谭静说。

相关负责人表示，为了更加紧密结合产业发展和就业市场，近年来涉农培训的内容已发生巨大变化，从传统的种植、养殖技术，向产业经营、农村电商、乡村旅游等转变，帮助参培者创业、就业。

变化三：“走出去”深入学习成新方法

冬季，正值水产养殖收获的季节。1 月 12 日，巫溪县土城镇平阳村，近 4000 尾鲈鱼仍在陆续出货，将于春节前销售完毕。

“之前一直都亏钱，去年不光挣钱了，还给村集体增收了 6.5 万元，从山东取回来的‘经’确实好念！”平阳村村支书张亮笑呵呵地说。

2019 年以来，依托鲁渝协作，市乡村振兴局陆续选派 340 名村干部前往山东学习乡村振兴先进经验，这也是我市涉农培训的一项重要变化——从引进专家授课，到走出去实地学习。

得益于此，2020 年 9 月，张亮来到了山东泰安市岱岳区朱家庄村。

“与一般的短期培训不同，这次我在那边待了 3 个月，有充足时间四处走走看看，对当地的发展有了非常直观全面的感受。其次，与当地村干部的交流机会很多，能够让我结合平阳村实际，深入了解、掌握对方相关的成功经验。”张亮说。

在实地参观中，张亮了解了朱家庄村的产业结构：借助城区近郊的地理优势，以 3000 亩大樱桃为主导产业，搭配草莓种植，以观光农业带动乡村旅游发展，村集体年收入有 100 万元以上。

“100 万元在那边还不算特别多的，但是对于我们村来说是想都不敢想的。人家是怎么做到的？”带着这个疑问，张亮四处寻找答案：他发现对方所有相关产业都是引进的企业在管理、运营。

张亮想到平阳村也有 15 亩鱼塘，但一直没有产生效益。2019 年，村里准备发展水产养殖，返乡村民夏正平积极性很高，承包了这 15 亩鱼塘。但他根本不懂技术，不仅买回的鱼苗是不值钱的品种，还养不大，一年下来亏了 10 多万元。

回到村里，张亮通过朋友联系了一家宜昌的渔业公司合作，在鱼塘里换上了 2 万尾中华鲟、5 万尾鲈鱼。“现在鲈鱼已经卖掉 4 万多尾了，中华鲟 3 年后上市，既能做鱼子酱，还可以做鱼罐头。光水产这一块，村集体 2021 年就分得 6.5 万元，目前我正在和企业谈扩大养殖面积的事。”张亮说。

案例二：“静宁果农”劳务品牌创建工作简介

近年来，甘肃省静宁县委、县政府高度重视劳务品牌创建工作，研究制定《关于打造“静宁果农”劳务品牌助力乡村振兴的实施方案》，依托县域苹果产业和劳动力资源优势，以技能培训、职称评定、组织输转为重点，集聚“静宁果农”劳务品牌效应，促输转稳岗位拓市场，有力推动全县劳务产业规范化、品牌化、连锁化、职业化发展。

二、产生背景

近年来，全县紧紧围绕“调结构、提品质，强科技、促研发，拓内涵、延链条，广推介、强品牌”的思路，全力推动苹果产业转型升级，形成了基地规模化、生产标准化、产品品牌化、营销市场化、服务社会化的发展新格局，为农民脱贫致富、县域经济快速发展提供了重要支撑。当前，劳务品牌培育已成为劳务输转的新亮点，被称为转移就业的“助推器”和“通行证”。培育建设特色劳务品牌，是提高劳动者技能素质和劳务质量，增强地方劳务影响力和竞争力，推动劳务经济发展，促进城乡劳动者实现更加充分更高质量就业的重要途径。依托全县果业发展优势，倾力打造“静宁果农”劳务品牌，持续加强以苹果种植技术推广为主的“静宁果农”劳务品牌专业化培训，全面推进培训、输转一体化建设，加大农技人员职称评定政策扶持，是全面落实职业农民培训计划，提升果农种植水平，增加务果收入的重要举措，也是加快推进苹果产业高质量发展的迫切需要，更是巩固拓展脱贫攻坚成果、助力乡村振兴的内在要求，对进一步提升静宁果农在全国劳务市场的竞争力，增强广大果农就业创业能力，扩大静宁苹果品牌影响力将起到十分重要的推动作用。

三、目标定位

积极探索市场化运作、规范化培育、技能化开发、规模化输转、品牌化推广、产业化发展“六化”模式，谋划建设静宁劳务码头服务综合标准化试点、静宁县公共实训基地、静宁智慧人社暨“静宁果农”APP 开发与应用等项目，建立符合苹果农业技能培训、农业专业技能鉴定和劳务人员输出工作实际的服务基础标准子体系、服务保障标准子体系、服务提供标准子体系的公共服务标准体系，组织制定一批技术标准、管理标准、工作标准，有效保障农业技能培训、农业专业技能鉴定和劳务人员输出精准服务和科学管理，实现管理和服务的“有标可依、有标必依”。以标准化手段，促进服务质量提升，形成可复制推广的“静宁果农”劳务品牌，力争将“静宁果农”劳务品牌打造成“国字号”劳务品牌，由此催生浓郁的“甘味”元素，使之更具社会影响力和市场竞争力，真正让“静宁果农”成为幸福的农民、从事果业成为体面的职业、农民工成为有职称的技工。

四、创建成果

“静宁果农”劳务品牌创建以来，全县共摸排务果技术人员 2.8 万名，苹果种植大户 2.94 万户，务果能手 2978 名，开展以果树工为主的农村实用技术培训 1 万人以上，评定农民技术职称人员 120 名，创建品牌示范培训基地 10 个、示范就业基地 5 个，就地就近输转 3.6 万人。“静宁果农”劳务品牌被省人社厅评定为省级劳务品牌，参加第三届全国创业就业服务展示交流活动，荣获全国“地方特色类劳务品牌”荣誉称号，入选全国

2021年地方就业创新事件。静宁果农”劳务品牌已成为中组部采用的带动就地就近就业增收的典型案例。“静宁果农”劳务品牌参加第五届“中国创翼”创新创业大赛全国选拔赛，荣获“中国创翼之星”称号。“静宁果农”劳务品牌代言人李建明，获得“全国新星劳务品牌形象代言人”称号。中央广播电视总台财经节目中心特别策划《丰收中国》融媒体直播活动两次走进甘肃静宁，播出静宁苹果和“静宁果农”劳务品牌节目，进一步扩大提升了静宁苹果的知名度和“静宁果农”劳务品牌的影响力。开发了“静宁果农”APP，设计了“静宁果农”劳务品牌标识，正在申请注册商标。

五、“静宁果农”APP功能介绍

为进一步集聚“静宁果农”劳务品牌效应，加强劳务品牌科学化管理，实现劳务品牌信息化、智能化、大众化，县人社局联合中国联通平凉分公司设计开发“静宁果农”APP，该平台立足县情实际，突出数据精准采集、职能分析两个重点，先后经过了劳务对接模块、劳务与培训管理模块、职称评定申报模块、劳务产业全链大数据分析模块四个设计版本的更新升级，最终平台设计四部分，建成集技能培训、职称评定、组织输转、品牌保护为一体的“一库两端一系统”，即“静宁果农”链条式智能分析数据库、“静宁果农”微信小程序端、“静宁果农”APP安卓端、后台管理系统。该平台主要有八大功能。

1. 我要务工。有求职意愿的劳动者通过实名制认证，发布个人求职信息，与入驻企业岗位信息进行匹配，通过双向对接或者劳务中介机构牵线搭桥达成就业意向。

2. 我要招聘。用工企业发布企业招聘信息，与个人求职信息进行匹配，通过双向对接或者劳务中介机构牵线搭桥达成就业意向。

3. 企业列表。对用工企业、劳务中介机构、培训机构等入驻企业资质进行审核，加强用工监督和市场监管。

4. 培训服务。有培训意愿的劳动者通过实名制认证，发布个人培训需求，由培训机构采取培训券式、嵌入式等线上线下培训模式，开展技能培训服务。

5. 职称评定。由意向职称评定人员按照评定要求填写、申报个人职称信息，由管理员进行线上审核评定。

6. 就业维权。收集系统使用者线上提交的申诉问题，管理员协调当事人双方进行妥善处理，维护就业人员权益。

7. 你问我答。管理员发布问答式政策、法律法规，面向用工企业、劳务中介机构、培训机构、有培训输转意愿的个人，扩大群众政策知晓率。

线上学习，管理员通过发布图文、视频等学习资料供系统使用者开展在线学习。

开发“静宁果农”APP，为群众提供集技能培训、职称评定、劳务输转为一体的便民助手，为全县广大果农、企业、培训机构、人力资源服务机构、政府部门提供智慧人社服务及便民惠民服务技术平台。指导职业培训机构、人力资源服务机构、果品类龙头企业等经营主体，从牢固树立品牌意识做起，在开展技能培训、组织输转、生产运营中广泛使用“静宁果农”品牌标识，做到统一品牌、统一标识、统一服务，使“静宁果农”劳务品牌成为促进全县劳务增收的新名片，为全面推进乡村振兴，加快全县农业农村现代化提供有力支撑。

第二节　就业指导与技能培训

一、乡村振兴背景下农村劳动力转移就业情况分析

（一）外地潜力和经济压力是推动劳动力转移的“动力”

改革开放以前，绝大部分人都是在家中靠耕种田地、做摊贩生意等获取收入，以此维持生计，但这些收入，只能在较短时间内解决百姓的温饱问题，没有过多剩余；又因当时背景下很多人都没有“超前”的外出谋生的觉悟，虽劳动力充足但并没有发挥很高的经济价值，农村的经济依旧落后；改革开放以后，城镇的经济逐渐发展起来，全国的受教育程度也普遍提升，大多数人都看到了外地发展的潜力，因此，农村大量劳动力涌向城镇，谋求一份能发挥自我价值的工作，并以此进一步满足自己的生活需求。

改革开放至今，农村劳动力不断向外流出，留在家中的多为老人以及孩童，只有少数劳动力依旧选择留在家中继续发展。在此次走访中，我们调查到踏虎村外出务工的多为当地素质较高或身体情况较好的人群，无外出务工想法的人群中，29% 是因为家中父母年迈，孩童太小，没办法外出

务工；17% 是因为家里经商的收入可以满足生活的需要；14% 是认为在家中务农并通过售卖农产品可以满足自家需求；22% 是因为有一些其他的原因没有外出务工的想法。我们也询问过当地有意向外出务工的家庭，其中 72.6% 是因为外地发展潜力大，49.4% 是因为家中经济压力大，在家中务农收入低，满足不了自家的生活需求。

（二）劳动力转移就业引发的一系列社会问题

农村劳动力的大量转移使得农村出现大量的空巢老人和留守儿童，据了解到，大部分人家里要赡养和抚养的老人和小孩数量达到了 3 个或 4 个以上，这个现象在一定程度上会导致子女对老人身体健康状况不够了解，未能及时关心老人、照顾老人，并且对孩子的教育也会有所缺失；此外，因家中缺乏青壮年劳动力，老人和儿童无法耕种田地，引发部分土地荒废的现象加剧。当地的农作物产量因此也会一定幅度上减少，更多家庭从自给自足到家中所需的粮食都需要到集市上去购买；大量的农村劳动力拥入城镇务工，也给当地增加了经济活力，缓解了劳动力不足的压力。

（三）促进和制约农村劳动力转移就业的原因

农村劳动力转移就业，主要是指农村劳动力脱离农业生产进行跨省流动和向东南沿海经济发达地区转移实现就业的过程。随着社会经济的发展和城市化进程的加快，许多因素纷纷制约或者促进了农村劳动力转移就业，现在展开具体阐述，具体如下：

1. 改革开放以后，国民经济得到了较快复苏和发展，人民的生活水平得到了很大的提升，区域之间的交流合作日益密切，经济特区，沿海开放城市，沿海经济开发区的诞生促进了中西部地区农村劳动力向东部转移。

2. 高考制度得到了恢复，许多农业人口通过公平竞争改变命运，从农业中得到解放，实现了在大城市实现就业的梦想，顺应了社会主义现代化建设的潮流。

3. 社会主义现代化建设的展开促进了农业现代化的发展，传统的小农生产向机械化生产转变，使大量的农村劳动力得到了解放。

4. 交通物流运输业的发展为农业劳动力的转移创造了条件，同时，国内电商行业和跨境电商行业的发展，加强了不同地区之间的商品和经济联系，农业劳动力的转移可以带来巨大的经济效益。

5. 改革开放使东西部地区的收入差距逐渐扩大，传统的农业生产经济效益低，不能满足农民生产生活的需要。第一产业向第二、第三产业转移，大量农村劳动力在经济压力和经济利益的驱使下向经济发达地区转移。

6. 环境保护政策的实施和旅游业的发展，农村耕地资源减少，农业和传统养殖业已经不再是中国的主流产业。

（四）抑制农村劳动力转移就业的原因

1. 思想观念和保守观念并行，部分农村劳动力认为在大城市就业经济风险高，从事第一产业也能够小富即安。

2. 乡村振兴战略的实行，部分劳动力从城市回归农村，进行返乡创业。

3. 旅游业的发展，农产品商品化程度的提升，一镇一品、一乡一品等区域特色农业吸引了劳动力。

4. 家庭老人和小孩需要照顾，也会导致一部分人群放弃外出务工的机会。

5. 国家土地承包的优惠政策以及鼓励返乡创业思潮的流行。

（五）乡村振兴背景下农村劳动力转移的意义

在中国特色社会主义新时代，随着城镇化的推进，我国的乡村建设也在有条不紊地进行着，这其中也有大量的农村年轻人来到城市落户，这种现象称为劳动力转移。而作为当前我国农村三农问题的热点，农村劳动力转移诚然会引起一些问题，但是它也带来了许多积极影响，能够促进农村的发展。

1. 缓解耕地不足，增加农民收入

在我国，众多的人口和有限的土地一直限制着我们的农业生产力，更是导致农民贫困的重要原因。农村劳动力的转移，能够缓解农村耕地紧张的现状，同时农民的收入可以得到增加，生活质量提高，促进农村现代化经济建设。

2. 引入资本和技术，促进农村创业

在外打工的青壮年通过自己的努力，拥有了一定的资金和财产，他们可以使自己掌握的信息、资金、经验流向农村，或者通过返乡创业的方式，在提高农村生产的同时，带动地区发展，改善基础设施的建设状况，营造一个良好的投资环境，吸引回乡创业者的目光。久而久之，形成良性循环。

3. 提高农民素质，促进精神文明建设

一个地方的经济和文化密不可分，如果村民故步自封，思维不够开阔，农村的发展岌岌可危。通过农村劳动力的转移，一部分出去的人在城市生活的过程中，不时地会受到城市文化的熏陶，学习且掌握一些知识、技术，增长见识，开阔眼界。这批人的文化素质相对较高，能够在村民中发挥教育，引导作用，为村民传授一些基本文化知识，纠正一些农村固有的落后，不合时宜的观点。他们的回流，对农村文化精神建设，具有较强的推动作用。

（六）乡村振兴背景下有关农村劳动力转移的对策思考

我国绝大部分劳动力集中在农村，随着科学技术的不断进步及时代的不断发展，农村所需要的劳动力逐渐减少，出现了农村劳动力剩余现象，而且富余劳动力规模不断扩大。随着我国工业化和现代化的发展，城乡差距也逐渐拉大，农村劳动力人群在其所在地劳动收入无法满足家庭生活需要的条件下，就会外出务工寻找收入可观的工作以解决家庭生活问题。大量的农村劳动力转移到城市就业也给农村带来了一系列的问题加重了农村人口老龄化，增加了农村留守儿童和老人的数量等问题，不利于农村的发展和城镇化建设。

2021 年 2 月 21 日，《中共中央国务院关于全面推进乡村振兴加快农业农村现代化的意见》发布，给我们提供了指导意见，比如推进农业供给侧改革，通过自身的努力调整，让农民生产出的产品，包括质量和数量符合消费者的需求，实现产地与消费地的无缝连接，调整种植结构，多生产绿色有机食品，满足消费者的需求，来提升经济效益；还有大力发展农林牧副渔等产业，通过电子商务促进农村和农产品出村进城。培育高素质农民，参与乡村振兴和现代化农业的建设等。

二、乡村振兴战略背景下农村大学生返乡创业就业

乡村振兴战略的提出，为农村地区的发展提供了政策支持，也为农村大学生返乡就业带来了良好机遇。在政府为返乡大学生提供必要的政策保障的同时，高校也应采取个性化的培养方式在提升农村大学生返乡就业意愿、提高农村大学生返乡就业能力等方面下功夫，使返乡农村大学生可以规避风险因素，顺利投身新农村建设。党的十九大报告提出实施乡村振兴战略，将“三农”问题提升到了一个新的高度，同时为我国农村地区的发展提供了战略指导。乡村振兴作为一个系统工程，离不开人才的支持。那

么，如何吸引更多的人才加入乡村振兴队伍，显得尤为重要。然而，农村大学生作为既具备扎实的专业知识基础，又对农村经济、环境有一定了解的群体，无疑是回到乡村就业的最佳人选。他们不仅能为乡村振兴提供人力支持和智力保障，也能为带动农村经济发展提供新的动能。“就业是最大的民生”，在乡村振兴战略背景下，鼓励大学生返乡就业创业既有利于缓解大学生就业压力，也有利于推进农村发展，建设美丽乡村，两者相得益彰。

（一）农村大学生返乡就业的积极意义

1. 大学生返乡就业能为乡村振兴提供先进的生产力

实施乡村振兴战略，需要技术要素、信息要素和资金要素，大学生能利用在学校学习到的专业知识、在城市生活所积累的社会经验以及对城市地区经济文化的认识，在农村转化为经济发展的生产力，为在农村的发展提供支持。

2. 农村大学生返乡就业有助于为乡村振兴提供新的路径。

农村大学生对农村地区的生活环境较为了解，且通过高等院校的系统培养，各方面的素质都得到了提升，他们可以利用自身的学历优势、经历优势、互联网背景、交际圈等种种利好，在返乡就业过程中让城市与农村搭建一条信息共享、发展共享、观念共享的新渠道，有助于为乡村振兴提供新的发展思路。

（二）农村大学生返乡就业的优势分析

国家层面在2005年印发了《关于引导和鼓励高校毕业生面向基层就业的意见》的基础上，于2017年1月印发了《关于进一步引导和鼓励高校毕业生到基层工作的意见》，提出了加大教育培训力度、完善基层职称评审制度、逐步提高基层工作人员工资待遇、实施农技特岗等基层服务项目等系列优惠政策和举措。党的十九大报告提出实施乡村振兴战略，人才问题被摆在了比较重要的位置，中央出台一系列政策来实现人才引领，如党员干部下乡扶贫、加强大学生村干部相关工作、鼓励大学生返乡创业等。这都为农村大学生返乡就业提供了机会。

（三）农村大学生返乡就业的主要问题

农村大学生返乡就业虽然有许多优势，但是也面临一些挑战。首先，农村大学生返乡就业的机会成本较大。农村大学生返乡就业需要建立在一定的返乡意愿和相关分析基础之上，一方面，许多农村学生考上大学，他们更倾向于跳出龙门留在城市，返乡就业的意愿并不强烈；另一方面，返乡大学生不仅需要对农村的地理环境、资源等条件进行充分的了解，而且要考虑就业形势和岗位需要，还需要克服心理压力。其次，农村大学生返乡就业面临的风险较大。虽然农村大学生经过系统的高等教育，具备完善的专业技术知识，但是在社会经验等方面还不足。而且多数大学生虽然出生在农村，但是常年在外学习，对农村发展的了解不足。最后，农村大学生返乡就业面临较大的舆论压力。当前农村发展落后于城市，农村市场经济薄弱、基础设施建设滞后、政策扶持有限，既对大学生缺乏吸引力，又变相地给大学生扎根农村营造了社会舆论压力。

（四）农村大学生返乡就业的路径选择

农村大学生返乡就业可以从农民的实际生活需求出发，在为农民提供服务的同时，带动当地经济发展。一是发展电商农业项目。大学生可以利用在学校所学知识，利用微信公众号、微博等新的传播手段，让更多人了解产品，探索出一条市场化运作、可持续的生态产品价值实现路径；二是发展创意农业。创意农业是通过在农业发展中融合科技和人文等要素拓展农业功能的现代农业，返乡大学生可以充分利用高新技术和电子信息网络来发展创意农业，也可以通过开发绿色、环保、休闲的多样化、种养循环农业来发展创意农业，还可以通过休闲农庄和采摘农园等载体来发展创意农业；三是发展花卉苗木产业。大学生可以通过建立花卉基地、在田野种植花木，形成产业带，不仅可以美化环境，推动美丽乡村建设，而且有利于促进农业产业结构的优化。

（五）农村大学生返乡就业的保障措施

大学生返乡就业所遇到的问题不是几个而是一系列的，不是单个领域而是综合性的，需要政府、高校、社会、大学生本人等多方通力合作、共同应对。首先，政府应为农村大学生返乡就业提供必要的支持。政府应梳理各部门已经发布的有关鼓励大学生返乡就业的政策，设立创业培训、政策咨询和市场开发等就业创业服务机构，落实创业贷款免息、免抵押等各项优惠政策，建立监督机制，打通政策扶持的“最后一公里”，让大学生真正享受到政策扶持。高校应进一步完善大学生创业就业教育体系。高等院校要关注农村现实需求，适应市场需要，多开设与乡村有关联的专业，全面提高就业教育和乡村就业的质量和效益；要加强对毕业生就业的教育和指导工作，做好就业信息服务工作，引导学生认清形势，正确认识农村地区就业的基本情况，准确定位，自主创业。特别是农业类院校应积极组织学生参加农业创业就业实训，让学生全面了解和熟悉农村环境，提升学生在农村创业就业的技能。社会应建立积极的支持环境。通过媒体宣传等方式，宣传农村大学生返乡就业是理想信念的体现，是自我价值实现的有效途径等，为他们顺利融入乡村的“圈子”营造良好氛围。返乡大学生应从心态、知识、能力等方面做好充足准备。农业是投入大、周期长的行业，因此返乡大学生在心态上要专注沉稳，要有打持久战的准备。农业是与国家政策紧密挂钩的行业，返乡大学生要注重信息解读、融会贯通。

第三节　创业规划与创业培训

创业规划

一、乡村振兴背景下农民工返乡创业面临的困境和机会

乡村振兴背景下，农民工返乡创业，面临的困境和机会有哪些？

为缩小城乡差距，促进城乡均衡发展，党的十九大明确提出要实施乡村振兴战略。其中，返乡创业农民工将成为实现乡村振兴的重要人才支撑。农民工返乡创业不仅有利于推进传统农业改造、促进非农产业发展，有利于破解农村空心化、农业副业化、农户兼顾化等问题，更有利于全面建成小康社会，实现乡村振兴战略总目标。但是，由于我国的二元金融结构、不完全的金融市场以及政府对金融的严格管控，导致了较高程度的金融信贷约束。加之农民工自身因素及政策方面的影响，农民工返乡创业普遍面临着融资难、创业热情不高等问题。

（一）农民工返乡创业现状

农民工返乡创业，是指常年在外打工的农民工因为自身原因和社会客观原因选择返回家乡创业。即在农村地区自己当老板，创办企业。需要前期进行市场调研，了解适合自己创业的领域和项目，并对自己知识领域的积累提出挑战，同时还要资金、技术的支持。

农民工选择返乡创业主客观原因包括：家庭教育的缺失和家乡经济的繁荣发展。在外打工，虽然是能赚取较在农村更高的工资，但是长期与家人分别，对父母孝心的缺失、对妻子儿女极少的陪伴都在影响着家庭的和谐相处。

常年不在家，错过了孩子重要的成长期，会产生生疏、沟通不畅等问题。更甚者是影响孩子的学业选择外出打工就是为了给子女提供一个更好的教育环境，希望他们用知识的力量来改变命运，然而因为父母角色的缺失，未对孩子尽到教育监督责任，导致很多小孩慢慢开始厌学，最终走上了跟他们一样的打工道路。

（二）创业机会分析

首先，国家出台政策鼓励返乡农民工创业，国家为鼓励农民工创业，出台了各种优惠政策。其中，2019 年中央一号文件指出，“落实好减税降费政策，鼓励地方设立乡村就业创业引导资金，加快解决建设用地、信贷等困难。加强创新创业孵化平台建设，支持创建一批返乡创业园，支持中小微企业发展”。

其次，国家出台专门针对农民工返乡创业的补贴政策。财政补贴优惠。对于那些想做有关农民专业合作社和农场的返乡创业农民工，可依据此通知进行农业创业项目补贴的申请；农村用电优惠。涉及返乡创业项目的用电，如农家乐、蔬菜大棚等，其用电缴费标准将参照农业生产用电价格。农村用地优惠。在不违反农村宅基地管理规划的前提下，返乡创业农民工可获得允许改建自己的住房。同时支持其利用自己闲置不用的房子发展农家乐等产业，增加他们的收入，提高其生活质量贷款优惠。目前适合农民工选择的贷款主要有：特色农产品开发贷款、龙头企业贷款、返乡创业示范基地贷款、创业企业贷款。除此之外，抵押物方面也给予了改革便利。可将宅基地等不动产、农机器械、土地承包经营权等用来抵押获得贷款，为创业启动资金的获得开辟新通道。

同时，是大众创业万众创新的良好创业环境。“大众创业、万众创新”是 2014 年李克强总理在夏季达沃斯论坛开幕式讲话中提出的。培育和催生经济社会发展新动力，推进大众创业、万众创新是必然选择，是激发全社会创新潜能和创业活力的重要途径。这为农民工返乡营造了良好的创业环境。

（三）创业威胁分析

乡村振兴工作进展得如火如荼，然而目前真正选择返乡创业的农民工却没有预期的多，创业率低，这主要是跟返乡创业的主体有关，具体如下：

1. 创业态度不明确。如今，农村经济环境大为改观，农民工返乡经过慎重考虑后，绝大多数都选择了再就业，而不是承担风险的创业行为。看到一些创业成功的企业后，更多的也是处于一种观望状态。因为一旦选择了创业，辛辛苦苦积攒的存款就得全部投入。创业项目的先期启动中，还不确保是否能盈利，这对农民工来说，无疑是极大的挑战。即使有些农民工有自主创业的想法，但是考虑到家庭、孩子的上学问题，便打起了退堂鼓，这毕竟是很需要魄力和勇气才能做出的选择。

2. 人才缺失。“以人为本”，是一个企业或者项目的核心竞争力，在返乡农民工创办的企业中，专业人才极少，这与农村地域的局限性不无关系。在农村，这样的企业对优质人才没有任何的吸引力，不管是从劳动报酬方面，还是个人发展前景方面，农民工所创企业都不能为人才实现他们的人生抱负提供良好平台。专业人才，大都接受过高等教育，也不愿意回到农村来工作，更喜欢去大城市实现自己的人生梦想。如此，农民工只能选择和自己学历水平差不多的员工进入新创办企业，这不仅限制了企业的优质发展，更不利于农村良好经济环境的形成。

（四）农民工创业面临困境

1. 政府层面

（1）融资困难，缺乏资金支持。前期创业启动资金大多是农民工常年在外打工劳动所得积蓄，主要用于成本材料的购买，办公地的租用、员工工资的发放以及各种前期准备工作。当创业企业及项目正式开始运营时，需要的资金会更多。诸如产品的设计和宣传、专业人员的培训、员工各种社保费用的缴纳等。而此时的兴办企业并没有开始盈利，农民工再次面临筹措资金困难的窘境，如何获取更多的资金来维系企业的正常运转是此时必须要解决的问题。

（2）技术支持不到位。农民工要想创业成功，必须紧跟时代步伐，适应市场变化。农民工常年在外打工，见识过很多科技产品，也享受过现代科技带给他们工作的便利。当他们返乡创业的时候，就会想把这种经验带回家乡，带入创业，主要包括先进的技术设备、技术人才。而农民工因为受教育程度低学习能力较弱，理解领悟能力也不高，往往靠自身很难创造一个靠科技武装支撑的企业。返乡农民工创业的整个过程中，硬件设备的购买，对技术从业人员的培训辅导都存在月底那个困难，这样不仅不利用企业的正常发展，更影响创业人员的积极性。

2. 社会层面

（1）创业氛围不浓。农村经济环境较城市比较萧条，现代媒体通信也不发达，成功创业典型不能及时让群众了解，农民工接收相关创业信息的渠道十分有限。同时，在农村地区，没有创业宣传手册，更没有设置创业专栏，悬挂创业横幅，张贴创业标语。很大一部分返乡农民工表示，他们对创业这个词感到很陌生。还有一些选择创业的农民工表示，在创业过程中总有种深深的无力感，仿佛没有任何人在意。

（2）缺乏成熟的创业环境。很多返乡农民工在本地区都选择零售、批发、餐饮等传统行业，而这些行业普遍准入门槛都较低，服务质量能否保证是个未知数，同时也存在市场易饱和状态，新创企业没有实现盈利而面临倒闭风险。农民工在创业初期，要对经营企业进行注册审批，准备各项材料，而这一流程往往需要占用很长的时间。这一时间成本就是沉没成本，影响农民工创业的热情和积极性。

3. 意识层面

（1）创业意识不强。返乡农民工在城里主要从事一些体力劳动以及技术型工作，回到家乡后，因身体及家庭方面的原因，更多人是想追求安稳，又加之受传统思想禁锢，不愿冒险选择创业，创业行动只是停留在口头上。

（2）缺乏创业理论知识体系。创业行为是需要一整套管理、注册、财务、宣传、营销、金融、应急处理等丰富知识体系支撑，农民工这方面的知识相当匮乏，农民工对自己的创业缺少长远规划，日常经营中遇到的问题都已经让他们忙到自顾不暇，企业如何更好的发展，怎么发展是他们很少考虑的问题。

（3）创业项目可选择性小。农村受地域环境限制，经济并不发达，主要是发展农耕，第二、第三产业也主要是以餐饮、零售业为主。而农民工从城市回到农村选择创业，大多数都会选择与自己在城市所从事工作相同的产业入手，因为他们已经积累了丰富的工作经验和技能，用在自己创业的项目上，会更得心应手。

然而现实却是，这些行业在农村基本很少存在，储备的工作知识及技能全无用武之地。到最后他们也只能选择那些大家都选择的常有项目，如开餐厅、搞批发等，但这又会引起一个新问题，就是在农村这个小范围市场中，容易达到饱和状态，影响盈利，农民工创业士气低落，最后只能草草收场。

农民工返乡创业面临的困境主要体现在政府、社会、个人三个层面。其中，政府层面包括融资困难、缺乏充裕资金、技术支撑不到位；社会层面包括创业氛围不浓、缺乏成熟的创业环境；个人层面包括创业意识不强、缺乏创业理论知识体系、创业可选择项目种类稀少。造成这一系列困境的原因包含农民工自身认知的局限性、农村金融机构不完善，缺乏匹配适合的服务以及良好的创业氛围等。在此基础上，分析现有农民工创业政策，总结有待改善的部分，如何解决面临的诸多困境和给予更有力的政策建议与扶持是农民工返乡创业是否成功的关键。

二、新时代农村创业蕴藏的新商机

对于常年奔波在外地打工的农民来说，他们的共同心愿就是在本乡本土也可以养家糊口，在家门口也可以致富。随着农村现代化的飞速发展，明显可以感觉到家乡的就业机会和创业机会也多了起来，当然也有不少人把握时机做出了一番成绩，但是对于大多数普通农民工来说，还在为将来干什么而迷茫。尤其是在全面推进乡村振兴的大背景下，让这些身在异乡的他们更有了归乡的欲望。

（一）养殖业

看到村里那些养猪的都几百万身家了，怎能不让人眼红？确实有一批养猪散户在农村赚了不少钱，另外在“中央一号文件”第七条中提到：加快构建现代养殖体系，保护生猪基础产能，健全生猪产业平稳有序发展长效机制，积极发展牛羊产业，继续实施奶业振兴行动，推进水产绿色健康养殖。推进渔港建设和管理改革。回乡搞养殖是众多人的想法，养猪、养鸡、养牛羊、养鱼……另外，国家目前在养殖行业还有很多优惠政策，家里闲置的那些荒地也能派上用场，加上未来的养殖体系会逐渐规模化、现代化，对于回乡创业的年轻人来说确实是不错的一种选择。

（二）电商、自媒体

在网络科技飞速发展的今天，电商、自媒体行业逐渐走进农村，并有一些人利用这些网络平台不仅赚到了钱，还把家乡的农产品和风景推广了出去。纵观目前的农村现状，玩自媒体、电商的农民越来越多，但真正玩好、做出成绩的寥寥无几，因此，对于回乡创业的我们，可以利用电商、自媒体平台推广家乡旅游、农产品等，通过互联网，让农产品走出深山，走进城里人的生活，把金钱送进了村里人的腰包。农村的未来将会巨变，一个前所未有的农村变革时代到来，也需要一批批自媒体人利用手中的镜头将新时代的农村曝光世人，让更多人了解我们农村，了解这个新时代农村的变革。

（三）养老、教育、医疗

在“一号文件”第十七条中提到：加强对农村留守儿童和妇女、老年人以及困境儿童的关爱服务。健全县乡村衔接的三级养老服务网络，推动村级幸福院、日间照料中心等养老服务设施建设，发展农村普惠型养老服务和互助性养老。在文件中养老、教育、医疗等问题一一提及，其中是否也蕴藏着巨大商机？比如文件中提到的提升乡镇卫生院医疗服务能力，选建一批中心卫生院、保留并办好必要的乡村小规模学校等，未来解决农村“三留”人员势必要有大动作，农村那些闲置的宅基地和房屋收回之后干啥？集中起来办养老院、托管所、医疗室等，其中是不是可以发挥下咱们的头脑、抓住机会参与进去呢？

乡村振兴大背景下，在农村这片广阔的土地上，确实蕴藏着很多很多的商机，对于我们将要回乡创业的人来说确实有很多机会，然而，谈论的不少，具体实施操作的又有几人呢？

很多人都说，现在国家在搞乡村振兴，农村马上就要发展起来了，我们该做出抉择回乡创业、就业了。我们必须正视的事实是：乡村振兴不是一蹴而就，如果你没有足够的资金和十足的把握不建议草率归乡，毕竟，生活现实很残酷！如果让你说回农村可以干啥，估计每个人都会说出一箩筐的行业，但发现就是没有一个适合自己的，这是因为你还处在迷茫之中，对未来充满了幻想却又不知所措。乡村振兴是人的振兴，如果没有人气的农村说什么也是白扯。如果没有人气，你在乡村办个小饭馆给谁吃？如果没有人气，你干个啥能行？所以，机会肯定有，但我们要伺机而动，不能草率。要根据自己的实际情况选择是否返乡，做好规划、把握时机、找准方向，回乡创业。

三、农民工返乡创业模式

乡村振兴，关键在人，支持和促进农民工返乡就业创业是激活乡村全面振兴内生动力的关键所在。乡村振兴背景下，农民工返乡创业逐渐成为乡村振兴的生力军，更多的农民工返回家乡进行创业活动，带回了城市新的生活方式和思维理念，带动农村经济的快速增长和农民的快速增收。

农民工返乡创业的定义。指农民工曾经离开本县、乡、镇、村，外出就业或创业，持续时间超过半年，然后回到本地，在经过工商部门注册或经农业部门认定的经济组织，具体包括家庭农场、农民合作社、企业、个体工商户等从事创业经营活动。

（一）乡村振兴背景下农民工返乡创业的机遇

1. 利好政策接地气，农民工返乡创业规模不断扩大

根据我国农业农村部的数据指出，截至 2019 年，全国返乡入乡创业人员达 850 万人，成为乡村振兴的重要力量。近年来，农业现代化发展进程加快。以传统农业产业为基础，发展乡村休闲旅游业、乡村信息产业、乡村特色产业等乡村第一、第二、第三产业融合的新型产业形态。

2. 创业环境聚人气，新生代农民工成为返乡创业的主体

农业农村部积极搭建返乡入乡创业平台，在全国认定了 1096 个各具特色的全国农村创新创业基地（园区）和 200 个农村创新创业典型县。完善全国农村创新创业园区和孵化实训基地设施条件，为返乡创业人员提供见习、实习、实训、演练场所和机会。

3. “提高创业技能互联网 +”冒热气，出现“云模式”等创业新形式。

近年来，越来越多返乡创业的农民工利用互联网思维进行创业实践。据调查显示，目前超过一半的农村创新创业项目采用了“互联网 +”等新模式，比例达到 55%。

一方面，这与政府通过制定一系列政策支持“互联网 +”相关领域的发展和信息技术的快速发展密切相关；另一方面，它与无数有前途、有创新、勤劳勇敢、实现个人理想和抱负的农民工息息相关。截至 2020 年 7 月底，新增农民工返乡安置就业人数达 1300 万人，其中通过直播直销、

云视频、民俗特色等新业态创业的返乡农民工占 5%。随着疫情防控工作的常态化，“互联网 +”与返乡创业融合发展呈现“云模式”等新的发展模式。2020 年春节期间疫情发生后，外出就业创业机会减少，大批农民工滞留家乡，他们通过“云模式”邀请网络红人借助在线直播平台，参与企业产品推广。以“互联网 +”技术为依托进行返乡创业实践，由此可以衍生出多种多样的新兴产业。如互联网付费平台产业，同城速递、跑腿送、取等服务型产业，在线心理咨询、网络医院、在线教育、在线旅游、无人零售、无人餐饮等高科技新兴产业。

（二）农民工返乡创业的四种模式

1. 合作社组织领办型

合作社组织领办型创业模式是返乡创业的农民工通过带头成立合作社，招纳更多的养殖户和种植户加入合作社，帮助社员和农户进行生产经营活动，为合作社的发展壮大做出贡献。通过“合作社 + 农户”的模式，可以提高农民参与的积极性，使合作得到显著发展。

2. 兴旺产业拉动型

兴旺产业拉动型创业模式是在外打拼的农民工返乡成立一定规模的农产品加工企业，依靠当地特色农产品资源，大力打造生产基地，企业愿意带，农户愿意干，农户成为企业的员工，抱团发展。通过产销订单、就业务工、入股分红等形式直接带动，充分发挥优势产业、特色产业的带头作用。打造特色优质的企业品牌，通过企业发展、完善产业链，带动农民就业、带动村级集体经济发展，帮助农户解决生产和营收的难题。

3. 美丽乡村引领型

美丽乡村引领型创业模式是以美丽的乡村资源为基础，利用农业产业作为旅游资本，培育农作物时既注重其自身的经济价值和生态价值，又注重其旅游价值、科学价值和观赏价值。以乡村旅游为突破口，打造农民创业平台。

深度挖掘当地文化，打造“诗歌节”“火把节”等节庆活动，注重精神文明，加强思想教育，弘扬优良传统，淳厚乡风民俗。乡村既是旅游地也是农产品生产地。农民摆脱农家乐的束缚，走进基地、工厂、车间，成为农产品加工业的主力军，实现旅游业、现代农业两个产业互联互通、相互促进、共同发展的良好态势。

4. 创业平台助推型

创业平台助推型创业模式依托各类涉农园区（基地）、政府扶持创业项目、互联网等平台为载体，合理运用“互联网+”的思维来扩大销售途径，以实现增收。返乡创业者可以通过自家电商App平台，销售自己的特色农户产品。

通过与农民合作社、农业产业基地、政府等合作，运用“互联网+”手段打造农村合作社网络化、平台化、专业化经营。这不仅弥补了传统合作社的不足，而且响应了新时代生产发展的需求，形成了“合作社＋农户＋电子商务”的模式，使生产、销售、服务形成一体化的产业链，降低生产成本，促进农民增收。

（三）农民工返乡创业对乡村振兴的助推效应

1. 返乡创业与产业兴旺

农民工返乡创业带动产业兴旺，产业兴旺吸引更多农民工返乡创业，两者相辅相成、互相促进。产业可以吸引人才，人才也可以引领产业发展。一方面，农民工返乡创业可以优化农业从业人员结构。传统的农业劳动力有赖于有资金、有知识和经验优势返乡创业农民工群体得以更新换代，加快建设技能型、知识型的农业经营队伍，逐步形成具有科技体系和现代生产能力的新型农业经营主体，充分利用农业农村富余资源，实现农业生产与绿色农业和优质农业有机结合；另一方面，农民工返乡创业能促进产业要素向村里流动和积累。通过持续优化升级乡村产业结构，充分释放产业动能，不断延伸产业链，逐步形成乡村第一、第二、第三产业融合发展的良好局面。

2. 返乡创业与生态宜居

乡村振兴战略要求实现“生态宜居”，农民工返乡创业是推进乡村绿色发展，使生活富裕和美丽乡村有机统一在乡村建设中的重要出发点。一方面，返乡创业的农民工更加重视绿色产业在拉动经济效益方面的重要作用，更加重视把乡村生态优势转化为生态经济发展优势。积极发展生态农业、生态旅游、休闲娱乐、生态教育、保健养生等绿色生态产品和服务。打造生态友好型乡村生态旅游产业链，满足城镇消费需求，实现社会、经济、生态价值的多元融合与提高；另一方面，农民工返乡创业群体对环保有更大的需求。为了在扩大经营规模、优化经营环境的同时，提升自身的乡村生活体验，更加重视对原有乡村自然生态景观的环境保护，潜移默化地加强了村民的生态保护意识和环境保护意识，这对于减少农村传统生态资源开发、减少农业污染、促进宜居乡村建设具有重要意义。

3. 返乡创业与乡风文明

乡村振兴战略要求实现“乡风文明”，农民工返乡创业，是培育文明风尚、纯朴民风、优良家风和提高乡村社会文明水平的重要手段。而农民工返乡创业，则可以取得很好的文明示范效果。返乡农民工吃苦耐劳的品质、兢兢业业的作风、勤俭节约的生活态度等个人道德、优秀的家庭美德和职业道德等是实现乡村文明的动力。农民工返乡创业促进城乡居民的交流互动，使村民能够批判地继承当地优秀的民俗文化，在凝聚人心、净化民风、提高村民文化素养等方面发挥重要作用。通过逐步摒弃农村过时、庸俗、迷信的陋习，取得移风易俗的效果，从而推进乡风文明建设。

返乡创业是解决农民富裕生活最直接的途径。解决农民就业问题、增加农民收入是农民生活富裕的关键，乡村是座富矿，有待于返乡农民工去开采。农民工返乡创业帮助他们实现了自身价值，可以在创业中充分发挥自己的智慧和专长，摆脱只能为别人打工的局面，成为自己的老板。

同时，农村资源丰富，有很多资源值得开发，可以发展规模化种植或者是农副产品的加工等技术要求不高的劳动密集型产业。可以有效整合农村闲置资源，雇佣的劳动力也多为本村以及周边村庄的贫困人口，有效带动了当地富余劳动力的就地转移、就近增收，农民工返乡创业成为解决当地农民就业、增加农民收入的重要手段。

四、乡村振兴背景下农民的四种创业模式

（一）是平台服务助推模式

政府搭台、市场引领、农民参与、企业帮扶。政府实际上要发挥非常重要的作用。西方经济学里讲政府什么都不要管，市场可以把事情做得很好。中国改革开放 40 多年的经验证明，一个有为的政府在经济增长过程中的作用是巨大的，我们需要政府搭台来唱这出戏。

（二）是青山绿水支撑模式

强调生态保护基础上的经济与生态协调发展，本质上就是把青山绿水变成金山银山，再也不能把我们的青山绿水污染掉、浪费掉了。我们过去的发展付出的代价太大了，如果保不住青山绿水，连人都会保不住，哪来的金山银山？所以环境、生态是第一位的。

（三）贤才能人的引领模式

习近平总书记提到，乡村振兴，人才是关键。要积极培养本土人才，鼓励外出能人返乡创业，鼓励大学生村官扎根基层，为乡村振兴提供人才保障。一些发展比较好的典型村落，基本上都有很好的带头人，贤才能人是发展的根本。

（四）龙头企业带动模式

现在我国国家级、省级的农业产业化龙头企业有几千家，这几千家龙头企业，确实在引领乡村发展方面发挥了巨大的作用，龙头企业要把利让给老百姓，把利让给乡村，让给合作社，让给普通的农民，这就是龙头企业的带动模式。

五、乡村振兴战略背景下农村创业实施路径

乡村振兴战略背景下推动农村创业，有助于推动农村地区经济高速发展。文中以乡村振兴战略为着手点，分析农村创业实施路径，改善农村地区民众生活条件，提高农民经济收入。乡村振兴不是简单地提高农村经济发展就可以，而是要寻求乡村社会、经济、文化等和谐发展的路线。因此，促进乡村社会经济高质量发展的过程中，需要提高农民创业素质，培养更多的农民创业力量，活跃农村地区经济氛围。但农民创业活动的高效开展，必然离不开农民自身良好的创业素质，需要选择合适的着手点，提高农民

创业素质。

（一）乡村振兴战略背景下农村创业现状分析

新时代背景下如何建设好乡村、如何发展好乡村与缩小城乡差距已成为当前亟待解决的现实问题。针对此现状，国家提出乡村振兴战略，旨在调整城乡关系，推进农村农业现代化建设，有效解决中国城乡发展不平衡的问题。乡村振兴战略实施时需要选择合适切入点，推动农村地区经济高速发展。

创业能力指的是创业者的综合能力，如创新能力、合作能力、专业素养等，当前我国农村地区农民创新能力参差不齐，主要受到地域经济发展因素的影响。随着社会经济发展，原有的“小富即安”“农本商末”思想逐渐消散，涌现出新的消费观念、生产观念、生活观念等，尤其是互联网思维的出现，吸引了一大批农民创业。当前，农村创业的主要力量就是农民工，相比与在农村地区长期居中的居民，农民工群体具有眼光长远、技术能力强、资金多等优势，即是创业的后备军，也是返乡创业的主力军。同时，农村地区大力发展新兴产业、优化传统产业、推进生态产业，农村现代化发展速度逐渐加快。新环境下农民创业面临着新的机遇，对农民创业能力提出更高的要求。

（二）乡村振兴战略背景下农村创业面临的问题

乡村振兴战略背景下农村创业面临新一些普遍性问题，直接影响农村创业效果。

1. 创新意识不强，农民创业素质偏低

农村地区的本土居民，他们是最为了解当地情况的群体。农民作为农村创业的主体，直接影响创业成败。但实际中绝大多数农民缺少创业意愿，安于现状，不愿意承受未知的风险问题。加上受到传统文化的影响，大部分农民求稳，承受风险的容忍度低，侧重传统家庭农业生产，不愿意打破这种安逸去创业，直接影响创业。同时，农民创业者需要具备创业素养，才能获得成功。随着社会经济高速发展，大量农村劳动力前往城镇谋生。农村剩下大量的老人、妇女及儿童，他们缺少农业生产的积极性，也缺少创业的知识与技能。外出务工的青壮年大多具有一定文化知识，但还是达不到创业者的需求，缺乏获取信息的渠道，风险承担能力不足。如果盲目创业，达不到预期目的。

2. 农村创业过程，破坏当地生态环境

新时期生态环境保护的主要组成部分就是农业与农村生态环境保护。传统农业发展模式建立在破坏生态环境的基础上，无法实现农业的可持续发展。当前我国农田存在不同程度的污染情况，如滥用化学农药、存在药物残留等。这些行为直接对农业生态环境产生影响，不能满足可持续发展的理念。农村创业时不能忽视对生态环境的保护，对创业者提出更高的要求。废弃物处理、农药使用等方面，必须按照国家要求进行，这就会造成企业经营成本的增加。尤其是当前“绿色壁垒”不断增加，国家环保标准也在不断细化，以农产品为主的食品环境标准不断提升。这对农村创业者来说，是一个不可规避的现实问题，也是不小的创新压力。

3. 相关体系不全，缺少创业激励制度

乡村振兴战略规划中提出对完善农村创新创业服务体系，搭建合适的激励制度，但从提出规划到实际落实需要一定时间，整体尚处于起步阶段。我国农业服务体系长期以来以技术推广为主，服务范围有限，服务机制呆板，服务人员素质偏低等，无法满足农村创业者的科技、信息需求。造成很多农村创业者缺少专业化知识，如政策、资金、法律等，除此之外，国家虽然提供返乡下乡人员创新创业的财政政策支持，但实际政策宣传不足。造成很多农村创业者不了解相关政策，也就无法发挥这些政策的激励与支持作用。此外，这与农村创业者创业素质不足存在关联，使得他们不关注政策，无法及时了解与把握相关机会。

（三）乡村振兴战略下提升农民创业质量的途径

针对乡村振兴战略下农村创业问题，结合实际情况给出解决措施，旨在提高农民创业质量。

1. 培养农民创业意识，提高农民创业综合素质

虽然有部门针对农民创业素质进行实践探索，但实际精准性不足，调查所得与农民实际需求存在差距。之所以出现这种情况，是因为没有

准确把握农民的创业能力提升需求。因此，地方政府部门、社会机构，在开展农民创业培训活动前需要掌握农民的需求，了解他们对培训内容的需求，提高培训内容的针对性，增强培训效果。这就需要通过调研了解农民“创客”，调研方式可以选择问卷形式，也可以抽取人员进行交流沟通，调研时主要了解农民“创客”的需求，准确把握需求，有针对性地开展培训工作。为了增强培训效果，需要收集整理成功的农民创业项目，总结创业经验，形成具有代表性的案例，也可以作为后续培训活动开展的基础。

2. 树立教育意识

教育是推进社会经济发展、实现国富民强的基石，而教师则是教育的基础，也是推动教育事业稳步发展的最根本力量。我国教育事业中乡村教育作为主要组成部分，其质量与水平直接决定我国教育的总体质量。长期以来受到城乡发展不均衡等因素的影响，造成乡村教育发展缓慢。提升农民创业者的创业素质，不能简单地追求统一培训模式，而是需要根据创业者的具体情况选择合适的培训内容，切实提高其创业素养。

开展培养与提升农民创业素质时，需要根据实际情况制订合适的培训方式，也是开展精准培训的主要环节。针对性培训形式，即综合考量农民创业者的综合素养，打破原有统一培训的模式，制定合适的培训方案，满足不同农民创业者的需求，提高农民创业者的培训质量。

马兰花创业培训

一、培训对象

马兰花创业培训是人社部门面向有创业意愿和培训需求的城乡各类劳动者开展的示范性创业培训，重点面向高校学生、各类职业院校（含技工院校）学生、农村转移就业劳动者、返乡入乡创业人员、乡村创业致富带头人、小微企业主、个体工商户、退役军人、贫困家庭子女、贫困劳动力、城乡未继续升学初高中毕业生、离校两年内未就业高校毕业生、下岗失业人员、转岗职工、残疾人、即将刑满释放人员等就业重点群体开展政策补贴性培训。

二、遵循原则

1. 促进创业，带动就业

马兰花创业培训注重提升劳动者创业能力，通过提供培训和后续服务，提高创业实践率、创业成功率和企业稳定率，从而实现带动就业效果。

2. 总结继承，创新发展

马兰花创业培训以国际劳工组织引进的培训课程为基础，结合中国国情和发展趋势，自主开发新课程，持续探索新模式，完善创业培训技术体系。

3. 强化标准，统筹管理

马兰花创业培训坚持统一标准、统一课程、统一教材、统一师资，建立部、省、市、培训机构四级实施管理体系，健全管理机制，提高培训质量，提升服务手段。

三、主要特点

1. 任务导向，互动教学

马兰花创业培训以创业任务为导向，倡导小班授课，互动式教学。通过成人教学方法技巧的应用，探索线上线下融合的培训技术，引导学员在培训教学和实践活动中完成创业任务。

2. 分类培训，强化指导

马兰花创业培训根据创业不同阶段、不同群体等特点，提供有针对性的培训课程及后续服务，学员可根据个性化需求自主选择。

3. 质量监控，持续发展

马兰花创业培训重视品牌建设和可持续发展，通过培训周期管理和质量监督评估体系，加强创业培训的全过程监督及培训效果评估。

四、组织管理

1. 马兰花创业培训由各级创业培训主管部门组织管理

人力资源社会保障部负责相关政策制订及整体工作推动；中国就业培训技术指导中心（以下简称部中心）负责项目组织实施、管理标准制定、技术开发推广、师资队伍建设、主题活动组织等。省、市级创业培训主管部门分别按照各自职责负责本地区政策制定落实、管理办法制定、培训计划制订，师资培训管理、培训机构选择评估、培训证书管理、培训监督评估及补贴经费管理等。

2. 马兰花创业培训的培训机构主要承担创业培训及后续服务的具体组织实施工作

马兰花创业培训的师资包括创业培训培训师和创业培训讲师，主要承担各类培训的教学及培训后续指导。

3. 各地创业培训主管部门应逐步建立完善创业培训管理制度和管理服务体系，并适应数据时代技术发展。

五、培训内容

1. 马兰花创业培训从激发创业意识、提升创业能力、稳定企业经营三个方面为劳动者提供创业培训和指导服务，从而培养劳动者创业创新精神，传授企业开办及经营管理知识，提升创业综合素质和实践能力。通过课程库建设，面向不同创业阶段和创业群体，提供有针对性的培训课程。

2. 马兰花创业培训依托“创办和改善你的企业（SIYB）”“网络创业

培训”，以及后续陆续开发培训课程，为各类群体和各创业阶段提供相适应的培训指导服务。创业初期人员可参加“产生你的企业想法（以下简称 GYB）”“创办你的企业（以下简称 SYB）”“网络创业（以下简称网创）”等培训，提升项目选择、市场评估、资金预测、创业计划等能力；已经创业人员可参加“改善你的企业（以下简称 IYB）”“扩大你的企业（以下简称 EYB）”等培训，健全管理体系，制订发展战略，稳定企业经营，扩大就业岗位。

3. 马兰花创业培训还针对高校学生、职业院校（含技工院校）学生、返乡入乡创业者、乡村创业带头人、退役军人、残疾人等就业重点群体提供满足群体个性化特点和需求的培训课程。

六、组织实施

1. 马兰花创业培训依据各课程技术要点进行组织实施工作，包括宣传推介、学员选择（师资面试筛选）和培训需求分析、培训组织及后续服务。

2. 各级创业培训主管部门和培训机构应充分发挥各类宣传媒介和新媒体平台作用，组织形式多样的宣传推介活动，广泛宣传创业扶持政策、创业培训产品、创业典型事迹等，形成鼓励创业、支持创业、全民创业的社会氛围。通过强化培训质量效果，树立马兰花创业培训品牌和口碑。

3. 学员培训前培训机构和培训讲师应进行学员选择，客观分析学员创业意愿和企业情况，帮助学员选择适合的培训课程；讲师培训前主办单位和授课培训师要对申请讲师进行筛选面试，确保符合条件的讲师参加培训；培训师培训前部中心统一组织遴选等活动对培训师进行选拔。培训机构和授课师资要进行培训需求分析，了解参训学员和参训师资的资源条件及培训预期。

4. 培训组织包括制订计划、组织报名、场地设备、确定师资、制订预算、教材教具、开班结业、组织教学、服务保障、组织考核、信息报送及证书核发等。

5. 学员培训后要对学员创业或企业经营情况进行定期跟踪回访和后续指导，并对接创业担保贷款、创业孵化等各类创业服务；讲师培训及培训师培训后应组织提高培训、研讨交流、师资大赛等活动，使讲师不断拓展授课课程，提升授课水平，提高指导能力。各级创业培训主管部门可将有能力的创业培训讲师、培训师纳入本地创业导师库，有条件的地区可参照技能大师工作室做法，鼓励创业培训师资建立创业指导工作室。

七、监督评估

1. 各地创业培训主管部门应建立监督评估管理体系，依托马兰花创业培训监督评估工具，对培训过程进行监督，并通过学员满意度、创业实践率、创业成功率、企业稳定率、就业带动率等对培训效果进行评估。有条件的地区可建立信息化管理系统，并与部中心创业培训技术服务管理平台对接，实现互联互通、数据共享。

2. 各地创业培训主管部门根据《马兰花中国创业培训项目培训机构管理指南》进行培训机构的选择、监督和评估，并实行目录清单管理，建立退出机制。

3. 各地创业培训主管部门应根据《马兰花中国创业培训项目师资管理指南》对创业培训师资进行培训和管理。通过多种形式的培训及后续服务，提高师资授课指导能力。建立创业培训师资奖惩制度。

4. 各地创业培训主管部门应根据《马兰花中国创业培训项目证书管理指南》加强创业培训证书管理，结合本地实际制订相关办法，并提供证书查询等便利服务。

5. 各级创业培训主管部门要指导培训机构按当地有关要求规范资金收支管理。针对财政补贴经费，要健全管理制度，明确监管主体，强化使用监管。实现培训人员全实名，培训资金全记录，确保资金使用安全规范，提高资金使用效益。

第四章　人力资源培训法律常识

法律是由国家制定或认可，并以国家强制力保证实施的，反映由特定物质生活条件所决定的统治阶级意志的规范体系。法律是统治阶级意志的体现。

第一节　人力资源培训法律常识

一、企业人力资源法律常识

（一）劳动法

1. 劳动合同的内容

劳动合同期限、工作内容、劳动保护和劳动条件、劳动报酬、劳动纪律、劳动合同终止的条件、违反劳动合同的责任、其他条约。

2. 劳动合同试用期

可以约定试用期，但最长不得超过六个月。劳动合同期限为三个月以上不满一年的，试用期不得超过一个月；合同期限为一年以上不满三年的，试用期不得超过二个月；三年以上固定期限和无固定期限的劳动合同，试用期不得超过六个月。

3. 经济补偿的标准

经济补偿按劳动者在本单位工作的年限，每满一年支付一个月工资的标准向劳动者支付。六个月以上不满一年的，按一年计算；不满六个月的，向劳动者支付半个月工资的经济补偿。

4. 劳动者标准工作时间

国家实行劳动者每日工作时间不超过 8 小时，平均每周工作时间不超过 44 小时或 40 小时的工时制度。实行计时工资制的劳动者日工资，按其本人月工资标准除以每月法定工作天数（实行每周 40 小时工作制的为 21.16 天，实行每周 44 小时工作制的为 23.33 天）进展计算的。企业保证职工每周至少休息一日，由于工作需要，经与工会和职工协商后可以延长工作时间，一般每日不超过 1 小时，因特殊原因需要延长工作时间的，在保障职工身体安康的前提下，每日不得超过 3 小时，每月不得超过 36 小时。

5. 企业安排职工延长工作时间或加班的，应按照以下标准给予职工相应待遇：

（1）安排职工延长工作时间的，支付不低于工资的 150% 的工资报酬。

（2）安排职工休息日工作又不能安排补休的，支付不低于工资的 200% 的工资报酬。

（3）安排职工法定休假日工作的，支付不低于工资的 300% 的工资报酬。

① 未成年工是指年满 16 周岁未满 18 周岁的劳动者。

② 用人单位应当按照一定比例安排残疾人就业，并为其提供适当的工种、岗位。残疾人就业的比例不得低于本单位在职职工总数的 1.5%，如果

用人单位安排残疾人就业比例达不到所在人民政府规定比例的，应当缴纳残疾人就业保障金。

二、人力资源培训必备法律生活小常识之一

（一）消费者拥有“七日无理由退货”后悔权

经营者采用网络、电视、电话、邮购等方式销售商品，除消费者定作的、鲜活易腐的、在线下载或者消费者拆封的音像制品、计算机软件等数字化商品、交付的报纸、期刊的商品外，消费者有权自收到商品之日起七日内退货，且无须说明理由。此外，消费者退货的商品应当完好。需要注意的是，商品完好指的是淘到手的“宝贝”本身完好，拆包装验货不影响商品完好性。可见，凡是消费者不能真实地看到、触碰到实物的消费方式，新消法赋予了消费者有七天的“后悔”权利，所以广大消费者网购后，对已经到手的“宝贝”无论有何种原因，均可退货。这里无理由退货的期限是 7 天，很多网友会问，那这 7 天是如何计算的呢？这个要特别注意了，7 天是包括了周六日的，并不是我们常说的“工作日”，但是“7 天退货期”遇法定节假日可后延一天。可见，新消法在保护消费者的同时，对网购 7 日内可无理由退货的这种“后悔权”做了小小的补充，就是防止有人滥用这限权利。

（二）特价商品也可退，“霸王条款”无效

特价商品同样适用七天无理由退货的规定。根据《消费者权益保护法》

第二十六条的规定，“特价商品不支持七天无理由退货”的告示内容是无效的。再者，网购节新兴起的提前交定金订购商品营销中，类似的霸王条款还有“订金不退”“赠品不提供三包”等，均属无效。

（三）交易平台有赔付责任

发生争议后无法找到经营者，网络交易平台易不能提供经营者信息的情况下，网络交易平台应该承担相应责任。网络交易平台提供者不能提供销售者的真实名称、地址和有效联系方式的，消费者也可以向网络交易平台提供者要求赔偿。网络交易平台提供者明知或者应知销售者或者服务者利用其平台侵害消费者合法权益，未采取必要措施的，依法与该销售者或者服务者承担连带责任。如果网购时权益受到损害，无法与商家和平台解决问题，可请求消费者协会调解，也可以向物价、工商、技术质量监督部门等行政部门申诉。消费者投诉举报专线电话：12315

三、人力资源培训必备法律生活小常识之二

案例一：咨询王女士问：我和丈夫去年离婚了，离婚时约定房子归男方，所欠的债务由男方承担，现如今，有债主把我和我前夫起诉到了人民法院，我是否应当承担责任。

解答：你和你前夫离婚时债务承担的约定，是你们双方自己做出的，不能对抗第三人，故如果债主起诉的债务确实发生在你们的婚姻存续期间，

那你是不能免除责任的，但你承担的责任，事后是可以依据你们的离婚协议向你前夫追偿的。

案例二：咨询刘先生问，几个月前，刘先生跟着一个姓李的老板在县里的一个建筑工地上打工，干了 4 个月的活，李老板把钱拿上就跑了，我们没拿上一分钱，问我们该怎么办？

解答：你们可以向该建筑工程的发包方主张你们的工资，因为《建设领域农民工工资支付管理暂行办法》规定，发包方应当将农民工的工资直接发放到农民工的手上，不能发给包工头。

案例三：一年前我的一个朋友向我借了 5 万块钱，她也给我打了欠条，只写了还款日期，没有写利息，问我是否可以向她要利息？

解答：欠条上没有写利息，应当视为没有利息，故在还款期限内是不能主张利息的，超过还款期限未还的，超过的时间可以比照同期银行贷款利率向其主张利息。

案例四：几个月前，我开车到 K 市时发生了交通事故，交警认定我承担次要责任，同车上还有搭顺风车的两个朋友也受了伤，现这两位朋友就赔偿问题，竟然将我也起诉到了人民法院，问我好心让他们搭乘，也没有收取报酬，是否应当承担责任？

解答：你这种搭便车情况，依据目前相关法律规定，如果你那两个朋友对该交通事故的发生没有过错，那你是应当承担相应的赔偿责任的。

案例五：咨询刘先生问：今年7月份，我在下雨天骑自行车上班的路上，由于路滑摔倒，造成受伤，问是否能够构成工伤？

解答：工伤保险条例规定，在上下班途中，受到机动车事故伤害的应当认定为工伤，而你受伤的情况，不是受到机动车事故伤害造成的，故不能构成工伤。

案例六：咨询吴先生问：我是一个爱运动的青年，前几天我和朋友一起在体育场踢足球，在和对方球员抢球的过程中，撞到了一起，造成我腿部受伤住院，问我能否向该对方球员主张我的医疗费等损失？

解答：参加体育运动时，都应当知道其中是存在安全风险的，如果对方不是故意纯属意外的话，你是不能够向对方主张医药等费用的。

案例七：今年暑假期间，其13岁的儿子，背着父母用其压岁钱偷偷地购买了一台价值3500元的笔记本电脑，被我们发现后，我多次找到电脑的销售商，要求退货，但该销售商不予理睬，问我该怎么办？

解答：由于你儿子只有13岁，属于限制民事行为能力的人，其只能进行与他的年龄、智力相适应的民事活动；其购买电脑这样的大件商品的行为超出了他的民事活动的范围，由于未经过你们的同意，故你们可以向人民法院起诉该经销商要求依法确认该买卖合同无效，退还购买电脑款。

四、人力资源培训必备法律生活小常识之三

第一条

写合同或让他人打欠条，务必在对方落款名字后面让写上身份证号码，否则，后果你懂的。

第二条

给人借钱：如果给现金，务必当日从银行取现而后保留取现的银行票据，ATM 机取现则打印票据并保留、银行柜台取现则保留底单；如果转账，同上，亦务必保留转账凭证，同时不要注销掉该帐号。否则日后发生纠纷诉至法院，对方不认可，你亦没有提供资金来源，很可能败诉。

第三条

借人高息的，在给人借款同时，不要马上就拿回当月或当年的利息，不然被拿回来的这部分不视为借款本金。

第四条

在借款合同中要写明利息，否则是视为不用支付利息；利息超过银行贷款利息 4 倍不受法律保护这个应该都知道。现在 P2P 很流行，但实际上制度并不完善，仍需多加谨慎。

第五条

关于诉讼时效，如果你是借款方，可以和对方口头约定还款时间，但不要写在借条上，这样，你的借条有效期 20 年不会超诉讼时效。什么?

那你担心对方无限期不还款？没关系，按你们约好的还款日子催一下，不还？不还直接法院见，没关系，法院会认可的，而且再也不用担心对方突然找不到人过了两年诉讼时效。

第六条

交通事故发生后，务必记得拍一张对方交强险以及商业险的保单，一点都不费神，不然万一双方协商不好，你得到处查询或复印，比较麻烦。

第七条

众所周知，残疾赔偿金农村与城市相差巨大，所以，如果你是农村户口，只要你租住在城镇，或者在城镇务工，均可以按照城镇标准计算，如果务工地在发达地区，只是回老家发生交通事故，还可以按照务工地城镇标准起诉残疾赔偿金。

第八条

朋友找你借钱，你可以保留微信、短信、qq 聊天，汇款记录等，至少能证明朋友找你借钱，你将钱出借给他的事实。

第九条

定金跟订金的区别，一字之差差很多，定金是一种担保，多数情况是，买方交付给卖方后，买方如果违约，定金是拿不回来的；如果卖方违约，买方可请求支付双倍定金的违约责任；而订金是类似一种预付款，可以拿回可以抵扣价款。

第十条

ATM 机或者你家存折上突然多出了很多钱，不要想着据为己有，这是违法的。

五、人力资源培训必备法律生活小常识之四

1. 如果上下班途中发生交通事故，有权向所在单位要求享受工伤待遇，包括下班时顺道买菜的情况。上下班的途中包括四种情况：

（1）在合理时间内往返于工作地与住所地、经常居住地、单位宿舍的合理路线的上下班途中。

（2）在合理时间内往返于工作地与配偶、父母、子女居住地的合理路线的上下班途中。

（3）从事属于日常工作生活所需要的活动，且在合理时间和合理路线的上下班途中。

（4）在合理时间内其他合理路线的上下班途中。

2. 如果未满 18 岁的孩子夜不归宿，必须对孩子进行教育，否则就要承担相应的法律责任。

3. 如果别人借你钱，你一定要他出借据，而且借款数额一定要大写。（注：诉讼时效为 2 年）。

4. 如果想要保护自己的家或其他财产，一定不要私设电网或设置毒

物等，否则可能触犯危害公共安全罪。《中华人民共和国治安管理处罚法》第三十七条第一款规定：未经批准，安装、使用电网的，或者安装、使用电网不符合安全规定的，处 5 日以下拘留或者 500 元以下罚款；情节严重的，处 5 日以上 10 日以下拘留，可以并处 500 元以下罚款。

5. 公民在赡养、工伤、刑事诉讼、请求国家赔偿和请求依法发给抚恤金等方面需要获得律师帮助，但是无力支付律师费用的，可以按照国家规定获得法律援助。

6. 如果想写遗嘱，一定要注明年月日，并亲自签名。让人代书，一定要两个以上证人在场见证，代书人、见证人、遗嘱人都要签名，最好委托律师见证并执行遗嘱。

7. 抚恤金、生活补助费是在死者死亡后，由国家发给死者亲属的费用，用以优抚救济死者家属中未成年人和丧失劳动能力的亲属，不属于死者的遗产，一般不能作为遗产继承。

8. 民间借贷属于高风险事件，法律规定高于同期利率 4 倍以上的民间借贷，是不受法律保护的。如目前一年期贷款利率为 6%，即民间借贷 1 年期利率高于 24%（即月息 2%）以上，高出部分不受法律保护。

六、人力资源培训必备法律生活小常识之五

（一）年终奖什么时候发放？

年终奖就是企业给予员工不封顶的奖金。目前，我国法律对年终奖没有强制性规定。年终奖的发放额度、时间和形式一般由企业自己根据情况调整。考虑传统习惯，大多数企业年底都会给员工发年终奖，一般都是一月初发放年终奖。

（二）年终奖三种计算方法

据介绍，目前法律并未对年终奖的发放标准做出特殊规定。如果劳动者与单位签订合同中有约定的，按约定执行；如无约定，单位规章制度中有奖金发放规定的，则据奖金发放规定执行。目前，主要有三种年终奖发放形式，不同方式年终奖计算方法也不 样。

1. 绩效考核

根据个人年度绩效评估结果以及公司业绩结果来发放绩效奖金。目前，大部分公司的绩效考核规则都是公开的，许多都会通过绩效合同，与员工进行事先明确约定，根据年终业绩的完成情况进行打分，不同的分值对应不同的绩效奖金系数。据介绍，通过绩效考核的方式颁发年终奖金已成为趋势，例如某超市的店长，年度考核分为四等，超额完成销售任务的以上为特等；恰好完成的算甲等；未完成的算成乙等，不同等级对应不同的年终奖额度。

2. 红包

由老板给员工发放不确定数目的红包。这种年终奖计算方法比较私密，有的作为辅助年终奖发放，有的对关键性岗位员工发放。也有企业没固定年终奖发放形式，直接由老板来发放红包，这种方式全凭员工在老板心里的位置、印象等。

3. 年底双薪

所谓双薪，其实就是单位按照规定程序向个人多发放一个月工资，是单位对员工全年奖励的一种形式。目前，行政机关及大多数企业称之为“第13个月工资”（即“12+1”）。年底双薪和年终奖并非同一概念，年终奖的发放条件更多是跟绩效挂钩；但年底双薪一般仅与工作时间关联。不过，有些用人单位对获得年底双薪的条件做了系统设定，如绩效达标等，此时的年底双薪已有年终奖的概念。既然年底双薪制与工作时间关联，则用人单位对其发放条件都有设定，如设定“年底双薪发放时劳动者必须在册，否则不具备申领条件”等。

七、人力资源培训必备法律生活小常识之六

针对之前频繁出现的电信诈骗行为，要提高警惕，加强自我防范，防止上当受骗。工作生活中，注意做到“三不一要”。

1. 不轻信。不要轻信来历不明的电话和手机短信，不管不法分子使用

什么花言巧语，都不要轻易相信，要及时挂掉电话，不回复手机短信，不给不法分子进一步设置圈套的机会。

2. 不透露。巩固自己的心理防线，不要因为贪小利而受不法分子或违法短信的诱惑。无论什么情况，都不向对方透露自己及家人的身份信息、存款、银行卡等情况。如有疑问，可拨打110求助咨询，或向亲戚、朋友、同事核实。

3. 不转账。学习了解银行卡常识，保证自己银行卡内资金安全，决不向陌生人汇款、转账。

4. 要及时投案。万一上当受骗或听到亲戚朋友被骗，请立即向公安机关报案，并提供骗子的账号和联系电话等详细情况，以便公安机关开展侦查破案。在校内遇到此类情况则要及时向保卫处报案并通知自己辅导员。

八、人力资源培训必备法律生活小常识之七

未成年工是指年满16周岁未满18周岁的劳动者。《中华人民共和国劳动法》同时对女职工和未成年人专门做出了特殊保护的规定。

（一）女工保护

1. 禁止用人单位安排女工从事矿山井下、国家规定的第四级体力劳动强度的劳动和其他禁忌从事的劳动。

2. 禁止用人单位安排女职工在经期从事高处、低温、冷水作业和国家

规定的第三级体力劳动强度的劳动。

3. 禁止用人单位安排女职工在怀孕期间从事国家规定的第三级体力劳动强度的劳动和孕期禁忌从事的活动。对怀孕 7 个月以上的职工，不得安排其延长工作时间和夜班劳动。

4. 禁止用人单位安排女职工在哺乳未满 1 周岁婴儿期间从事国家规定的第三级体力劳动强度的劳动和哺乳期禁忌从事的其他劳动，不得延长其工作时间和安排夜班劳动。

（二）未成年工保护

1. 禁止用人单位安排未成年工从事矿山井下、有毒有害、国家规定的第四级体力劳动强度的劳动和其他禁忌从事的劳动。

2. 要求用人单位应当对未成年工定期进行健康检查。

九、人力资源培训必备法律生活小常识之八

（一）用人单位享有依法约定试用期的权利

《中华人民共和国劳动合同法》第十九条规定，劳动合同期限三个月以上不满一年的，试用期不得超过一个月；劳动合同期限一年以上不满三年的，试用期不得超过二个月；三年以上固定期限和无固定期限的劳动合同，试用期不得超过六个月。同一用人单位与同一劳动者只能约定一次试用期。以完成一定工作任务为期限的劳动合同或者劳动合同期限不满三个

月的，不得约定试用期。试用期包含在劳动合同期限内。劳动合同仅约定试用期的，试用期不成立，该期限为劳动合同期限。《中华人民共和国劳动合同法》第二十条规定，劳动者在试用期的工资不得低于本单位相同岗位最低档工资或者劳动合同约定工资的百分之八十，并不得低于用人单位所在地的最低工资标准。

（二）劳动合同履行及相关权利义务

劳动者解除合同及获得经济补偿的权利。劳动者提前三十日以书面形式通知用人单位，可以解除劳动合同。劳动者在试用期内提前三日通知用人单位，可以解除劳动合同。

《中华人民共和国劳动合同法》第三十八条规定，用人单位有下列情形之一的，劳动者可以解除劳动合同：

1. 未按照劳动合同约定提供劳动保护或者劳动条件的。
2. 未及时足额支付劳动报酬的。
3. 未依法为劳动者缴纳社会保险费的。
4. 用人单位的规章制度违反法律、法规的规定，损害劳动者权益的。
5. 因本法第二十六条第一款规定的情形致使劳动合同无效的。
6. 法律、行政法规规定劳动者可以解除劳动合同的其他情形。

用人单位以暴力、威胁或者非法限制人身自由的手段强迫劳动者劳动的，或者用人单位违章指挥、强令冒险作业危及劳动者人身安全的，劳动者可以立即解除劳动合同，不需事先告知用人单位。

（三）用人单位依法解除劳动合同的权利

1. 与劳动者协商一致，可以解除劳动合同。

2. 劳动者有违法、违纪、违规行为的，可以解除劳动合同。

3. 用人单位可以依法进行经济性裁员。

4. 劳动者不能从事或者胜任工作的，或者劳动合同订立时依据的客观情况发生重大变化，致使劳动合同无法履行的，用人单位提前三十日以书面形式通知劳动者本人或者额外支付劳动者一个月工资后，可以解除劳动合同。

劳动者有下列情形之一的，用人单位不得依照本法第四十条、第四十一条的规定解除劳动合同：

（1）从事接触职业病危害作业的劳动者未进行离岗前职业健康检查，或者疑似职业病病人在诊断或者医学观察期间的；

（2）在本单位患职业病或者因工负伤并被确认丧失或者部分丧失劳动能力的；

（3）患病或者非因工负伤，在规定的医疗期内的；

（4）女职工在孕期、产期、哺乳期的；

（5）在本单位连续工作满十五年，且距法定退休年龄不足五年的；

（6）法律、行政法规规定的其他情形。

（四）有关劳动合同违法行为应负的法律责任

1. 用人单位订立劳动合同违法的法律责任

《中华人民共和国劳动合同法》第八十二条规定，用人单位自用工之日起超过 1 个月不满一年未与劳动者订立书面劳动合同的，应当向劳动者每月支付 2 倍的工资。用人单位违反规定不与劳动者订立无固定期限的劳动合同的，自应当订立无固定期限劳动合同之日起向劳动者每月支付 2 倍的工资。

2. 职业健康检查

《中华人民共和国职业病防治法》第二十八条规定，向用人单位提供可能产生职业病危害的设备的，应当提供中文说明书，并在设备的醒目位置设置警示标识和中文警示说明。警示说明应当标明设备性能、可能产生的职业病危害、安全操作和维护注意事项、职业病防护以及应急救治措施等内容。《中华人民共和国职业病防治法》第三十五条规定，对从事接触职业病危害的作业的劳动者，用人单位应当按照国务院卫生行政部门的规定组织上岗前、在岗期间和离岗时的职业健康检查，并将检查结果书面告知劳动者。职业健康检查费用由用人单位承担。用人单位不得安排未经上岗前职业健康检查的劳动者从事接触职业病危害的作业；不得安排有职业禁忌的劳动者从事其所禁忌的作业；对在职业健康检查中发现有与所从事的职业相关的健康损害的劳动者，应当调离原工作岗位，并妥善安置；对未进行离岗前职业健康检查的劳动者不得解除或者终止与其订立的劳动合同。职业健康检查应当由取得《医疗机构执业许可证》的医疗卫生机构承担。卫生行政部门应当加强对职业健康检查工作的规范管理，具体管理办法由国务院卫生行政部门制定。

3. 职业健康监护档案

《中华人民共和国职业病防治法》第三十六条规定，用人单位应当为劳动者建立职业健康监护档案，并按照规定的期限妥善保存。职业健康监护档案应当包括劳动者的职业史、职业病危害接触史、职业健康检查结果和职业病诊疗等有关个人健康资料。劳动者离开用人单位时，有权索取本人职业健康监护档案复印件，用人单位应当如实、无偿提供，并在所提供的复印件上签章。

第二节　人力资源培训常用法律法规

一、劳动就业

- 《中华人民共和国劳动法》
- 《中华人民共和国劳动就业促进法》
- 《中华人民共和国国家赔偿法》
- 《中华人民共和国职业病防治法》
- 《关于贯彻执行〈中华人民共和国劳动法〉若干问题的意见》
- 《违反〈劳动法〉有关劳动合同规定的赔偿办法》
- 《中华人民共和国劳动合同法实施条例》
- 《劳动保障部关于非全日制用工若干问题的意见》
- 《就业服务与就业管理规定》
- 《劳动就业服务企业管理规定》
- 《私营企业劳动管理暂行规定》
- 《残疾人就业条例》

- 《外国人在中国就业管理规定》
- 《台湾香港澳门居民在内地就业管理规定》

二、劳动合同

- 《中华人民共和国劳动合同法》
- 《中华人民共和国劳动合同法实施条例》
- 《集体合同规定》
- 《关于建立劳动用工备案制度的通知》

三、劳动时间

- 《国务院关于职工工作时间的规定》（1995 修订）
- 《劳动部贯彻〈国务院关于职工工作时间的规定〉的实施办法》
- 《人事部贯彻〈国务院关于职工工作时间的规定〉的实施办法》
- 《关于职工全年月平均工作时间和工资折算问题的通知》
- 《企业职工带薪年休假实施办法》
- 《职工带薪年休假条例》
- 《全国年节及纪念日放假办法》
- 《关于企业实行不定时工作制和综合计算工时工作制的审批办法》
- 《中华人民共和国劳动争议调解仲裁法》

·《关于探亲假的法律规定》

·《关于职工产假的法律规定》

·《关于丧假的法律规定》

·《关于婚假的法律规定》

·《国务院关于职工探亲待遇的规定》

四、劳动工资、个人所得税

·《工资与支付暂行规定》

·《劳动部关于印发〈对〈工资支付暂行规定〉有关问题的补充规定〉的通知》

·《关丁工资总额组成的规定》

·《关于工资总额组成的规定》若干具体范围的解释

·《最低工资规定》

·《工资集体协商试行办法》

·《最高人民法院发布拒不支付劳动报酬罪司法解释》

·《外商投资企业工资收入管理暂行办法》

·《对外经济合作企业外派人员工资管理办法的补充规定》

·《国务院办公厅关于全面治理拖欠农民工工资问题的意见》

·《中华人民共和国个人所得税法》

- 《中华人民共和国个人所得税法实施条例》
- 《关于调整个人取得全年一次性奖金等计算征收个人所得税方法问题的通知》
- 《关于个人与用人单位解除劳动关系取得的一次性补偿收入征免个人所得税问题的通知》
- 《关于基本养老医疗失业保险费住房公积金有关个人所得税政策的通知》
- 《关于个人因解除劳动合同取得经济补偿金征收个人所得税问题的通知》
- 《国家税务局关于对外籍雇员若干所得项目征免个人所得税问题的通知》
- 《财务部关于外国来华工作人员缴纳个人所得税问题的通知》

五、劳动保护

- 《劳动保障监察条例》
- 《女职工劳动保护特别规定》
- 《女职工禁忌劳动范围的规定》
- 《中华人民共和国妇女权益保障法》
- 《禁止使用童工规定》

•《未成年工特殊保护规定》

•《职业健康监护管理办法》

•《职业病防治法》

•《劳动防护用品管理规定》

•《职业病范围和职业病患者处理办法的规定》

•《使用有毒物品作业场所劳动保护条例》

•《安全生产法》

六、劳动争议（司法解释）

•《中华人民共和国劳动争议调解仲裁法》

•《违反和解除劳动合同的经济补偿办法》

•《中华人民共和国企业劳动争议处理条例》

•《劳动保障监察条例》

•《关于实施〈劳动保障监察条例〉若干规定》

•《〈中华人民共和国企业劳动争议处理条例〉若干问题解释》

•《最高人民法院关于审理劳动争议案件适用法律若干问题的解释》

•《最高人民法院关于审理劳动争议案件适用法律若干问题的解释（二）》

•《最高人民法院关于审理劳动争议案件适用法律若干问题的解释

（三）》

•《最高人民法院关于审理劳动争议案件适用法律若干问题的解释（四）》

•《最高人民法院关于人民法院对经劳动争议仲裁裁决的纠纷准予撤诉或驳回起诉后劳动争议仲裁裁决从何时起生效的解释》

七、劳动培训

•《企业职工培训规定》

•《职业技能鉴定规定》

•《中华人民共和国职业教育法》

八、社会保险

•《中华人民共和国社会保险法》

•《社会保险费征缴暂行条例》

•《社会保险费征缴监督检查办法》

•《住房公积金管理条例》

•《企业年金基金管理试行办法》

•《企业职工患病或非因工负伤医疗期规定》

•《在中国境内就业的外国人参加社会保险暂行办法》

•《工伤保险条例》

•《人力资源社会保障部关于执行〈工伤保险条例〉若干问题的意见》

•《人力资源社会保障部关于执行〈工伤保险条例〉若干问题的意见(二)》

•《劳动和社会保障部关于农民工参加工伤保险有关问题的通知》

•《工伤认定办法》

•《工伤职工劳动能力鉴定管理办法》

•《关于进一步做好建筑业工伤保险工作的意见》

•《最高人民法院关于审理工伤保险行政案件若干问题的规定》

•《全国社会保障基金条例》

九、公司经营管理

•《公司法》

•《企业破产法》

•《合同法》

•《外资企业法》

•《中外合资经营企业法》

第三节　人力资源培训常用行政法规

一、综合

• 中共中央办公厅国务院办公厅印发《关于解决部分退役士兵社会保险问题的意见》（2019.4.28）

• 中共中央办公厅国务院办公厅印发《关于促进劳动力和人才社会性流动体制机制改革的意见》（2019.12.25）

• 国务院关于修改部分行政法规的决定（2019.3.24 国务院令第 710 号）

• 中华人民共和国政府信息公开条例（2019.4.3 国务院令第 711 号修订）

• 重大行政决策程序暂行条例（2019.4.20 国务院令第 713 号）

• 优化营商环境条例（2019.10.22 国务院令第 722 号）

• 国务院关于印发国家职业教育改革实施方案的通知（2019.1.24 国发〔2019〕4 号）

• 国务院关于加强和规范事中事后监管的指导意见（2019.9.6 国发〔2019〕18 号）

• 国务院办公厅关于在制订行政法规规章行政规范性文件过程中充分听取企业和行业协会商会意见的通知（2019.3.1 国办发〔2019〕9 号）

• 国务院办公厅关于印发降低社会保险费率综合方案的通知（2019.4.1 国办发〔2019〕13 号）

• 人力资源社会保障部关于废止《社会保险登记管理暂行办法》的决定（2019.4.28 人力资源和社会保障部令第 39 号）

• 人力资源社会保障部关于修改部分规章的决定（2019.12.9 人力资源和社会保障部令第 42 号）

• 人力资源社会保障部关于修改部分规章的决定（2019.12.31 人力资源和社会保障部令第 43 号）

• 人力资源社会保障部 财政部关于进一步加强人力资源社会保障窗口单位经办队伍建设的意见（2019.1.17 人社部发〔2019〕13 号）

• 人力资源社会保障部关于取消部分规范性文件设定的证明材料的决定（2019.3.4 人社部发〔2019〕20 号）

• 财政部 教育部 人力资源社会保障部 退役军人部 中央军委国防动员部关于印发《学生资助资金管理办法》的通知（2019.4.1 财科教〔2019〕19 号）

• 应急管理部 中央组织部 发展改革委 财政部 人力资源社会保障部 住房城乡建设部 农业农村部 文化和旅游部 卫生健康委 退役军人

部 税务总局 林草局文物局关于做好国家综合性消防救援队伍人员有关优待工作的通知（2019.8.14 应急〔2019〕84 号）

• 科学技术部 教育部 发展改革委 财政部 人力资源社会保障部 中科院印发《关于扩大高校和科研院所科研相关自主权的若干意见》的通知（2019.7.30 国科发政〔2019〕260 号）

• 国家卫生健康委 国家发展改革委 民政部 财政部 人力资源社会保障部 生态环境部 应急部 国务院扶贫办 国家医保局 全国总工会关于印发尘肺病防治攻坚行动方案的通知（2019.7.11 国卫职健发〔2019〕46 号）

• 人力资源社会保障部关于第二批取消部分规章规范性文件设定的证明材料的决定（2019.10.28 人社部发〔2019〕115 号）

• 人力资源社会保障部关于开展全国人社窗口单位业务技能练兵比武活动的通知（2019.1.31 人社部函〔2019〕18 号）

• 人力资源社会保障部办公厅关于印发《人力资源社会保障系统开展证明事项告知承诺制试点工作实施方案》的通知（2019.5.31 人社厅发〔2019〕71 号）

• 人力资源社会保障部办公厅关于印发《人力资源社会保障部 2019 年政务公开工作要点》的通知（2019.7.9 人社厅发〔2019〕75 号）

• 人力资源社会保障部办公厅关于印发《人力资源社会保障部关于在自由贸易试验区开展"证照分离"改革全覆盖试点的实施方案》的通知

（2019.11.27 人社厅发〔2019〕103 号）

• 人力资源社会保障部办公厅关于印发就业和社会保险领域基层政务公开标准指引的通知（2019.6.3 人社厅函〔2019〕113 号）

二、就业促进

• 国务院关于进一步做好稳就业工作的意见（2019.12.13 国发〔2019〕28 号）

• 国务院办公厅关于成立国务院就业工作领导小组的通知（2019.5.14 国办函〔2019〕38 号）

• 财政部税务总局 人力资源社会保障部 国务院扶贫办关于进一步支持和促进重点群体创业就业有关税收政策的通知（2019.2.2 财税〔2019〕22 号）

• 人力资源社会保障部 教育部等九部门关于进一步规范招聘行为促进妇女就业的通知（2019.2.18 人社部发〔2019〕17 号）

• 人力资源社会保障部 国家发展改革委 财政部 国务院扶贫办关于做好易地扶贫搬迁就业帮扶工作的通知（2019.5.23 人社部发〔2019〕47 号）

• 人力资源社会保障部 国家发展改革委等八部委关于切实做好化解过剩产能中职工安置工作的通知（2019.6.25 人社部发〔2019〕56 号）

• 人力资源社会保障部 教育部 公安部 财政部 中国人民银行关于做

好当前形势下高校毕业生就业创业工作的通知（2019.7.3 人社部发〔2019〕72 号）

• 人力资源社会保障部 财政部关于进一步精简证明材料和优化申办程序充分便利就业补贴政策享受的通知（2019.9.6 人社部发〔2019〕94 号）

• 人力资源社会保障部 财政部关于做好公益性岗位开发管理有关工作的通知（2019.12.2 人社部发〔2019〕124 号）

• 人力资源社会保障部 财政部 农业农村部关于进一步推动返乡入乡创业工作的意见（2019.12.10 人社部发〔2019〕129 号）

• 人力资源社会保障部 共青团中央关于实施青年就业启航计划的通知（2019.3.21 人社部函〔2019〕36 号）

• 人力资源社会保障部 国务院扶贫办关于进一步做好就业扶贫工作的通知（2019.6.10 人社部函〔2019〕64 号）

• 人力资源社会保障部办公厅 财政部办公厅关于印发《就业补助资金使用监管暂行办法》的通知（2019.9.30 人社厅发〔2019〕98 号）

三、人力资源流动管理

• 人力资源社会保障部关于充分发挥市场作用促进人才顺畅有序流动的意见（2019.1.11 人社部发〔2019〕7 号）

• 人力资源社会保障部关于进一步规范人力资源市场秩序的意见

（2019.8.17 人社部发〔2019〕87 号）

• 中共中央宣传部 人力资源社会保障部关于开展“最美基层高校毕业生”学习宣传活动的通知（2019.12.31 人社部发〔2019〕139 号）

• 人力资源社会保障部 国家市场监管总局关于开展清理整顿人力资源市场秩序专项执法行动的通知（2019.3.26 人社部明电〔2019〕4 号）

• 中共中央组织部办公厅 人力资源社会保障部办公厅等九部门办公厅关于做好 2019 年高校毕业生“三支一扶”计划实施工作的通知（2019.3.14 人社厅发〔2019〕40 号）

• 人力资源社会保障部办公厅关于开展 2018 年国务院所属部门人力资源服务机构年度报告公示工作的通知（2019.2.18 人社厅函〔2019〕40 号）

• 人力资源社会保障部办公厅关于进一步开展人力资源服务机构助力脱贫攻坚行动的通知（2019.3.6 人社厅函〔2019〕54 号）

四、职业能力建设

• 国务院办公厅关于印发职业技能提升行动方案（2019—2021 年）的通知（2019.5.18 国办发〔2019〕24 号）

• 人力资源社会保障部 国务院扶贫办关于深入推进技能脱贫千校行动的实施意见（2019.1.8 人社部发〔2019〕2 号）

• 人力资源社会保障部关于印发《新生代农民工职业技能提升计划

（2019—2022 年）》的通知（2019.1.8 人社部发〔2019〕5 号）

• 人力资源社会保障部关于授予职业技能竞赛优秀选手全国技术能手荣誉的决定（2019.1.15 人社部发〔2019〕10 号）

• 人力资源社会保障部关于实行职业技能考核鉴定机构备案管理的通知（2019.4.1 人社部发〔2019〕30 号）

• 人力资源社会保障部 教育部关于印发《职业技能等级证书监督管理办法（试行）》的通知（2019.4.23 人社部发〔2019〕34 号）

• 人力资源社会保障部关于授予职业技能竞赛优秀选手全国技术能手荣誉的决定（2019.7.1 人社部发〔2019〕55 号）

• 人力资源社会保障部关于做好技工院校招生工作的指导意见（2019.7.22 人社部发〔2019〕76 号）

• 国家卫生健康委员会 财政部 人力资源和社会保障部 国家市场监督管理总局 国家中医药管理局关于加强医疗护理员培训和规范管理工作的通知（2019.7.26 国卫医发〔2019〕49 号）

• 人力资源社会保障部关于改革完善技能人才评价制度的意见（2019.8.19 人社部发〔2019〕90 号）

• 人力资源社会保障部关于表扬第 45 届世界技能大赛获奖选手和为参赛工作作出突出贡献的单位及个人的决定（2019.9.17 人社部发〔2019〕97 号）

• 人力资源社会保障部 教育部关于做好技工院校招生工作的通知（2019.11.7 人社部发〔2019〕119 号）

• 人力资源社会保障部关于贯彻落实《国家职业教育改革实施方案》精神的通知（2019.3.22 人社部函〔2019〕37 号）

• 人力资源社会保障部关于做好 2019 年技工院校招生工作的通知（2019.3.28 人社部函〔2019〕40 号）

• 人力资源社会保障部关于组织开展 2019 年中国技能大赛的通知（2019.4.1 人社部函〔2019〕41 号）

• 人力资源社会保障部关于开展第一届全国技工院校学生创业创新大赛的通知（2019.8.5 人社部函〔2019〕114 号）

• 应急管理部 人力资源社会保障部 教育部 财政部 国家煤矿安全监察局关于高危行业领域安全技能提升行动计划的实施意见（2019.10.28 应急〔2019〕107 号）

• 国务院扶贫办人资源社会保障部关于加强贫困村创业致富带头人培训工作的通知（2019.11.7 国开办发〔2019〕19 号）

• 人力资源社会保障部关于公布第一届全国技工院校学生创业创新大赛获奖名单的通知（2019.12.12 人社部函〔2019〕165 号）

• 人力资源社会保障部办公厅 自然资源部办公厅关于颁布贵金属首饰与宝玉石检测员等 3 个国家职业技能标准的通知（2019.1.7 人社厅发〔2019〕

4 号）

• 人力资源社会保障部办公厅 应急管理部办公厅关于颁布应急救援员国家职业技能标准的通知（2019.1.14 人社厅发〔2019〕8 号）

• 人力资源社会保障部办公厅 工业和信息化部办公厅关于颁布信息通信网络机务员等 12 个国家职业技能标准的通知（2019.1.14 人社厅发〔2019〕9 号）

• 人力资源社会保障部办公厅 农业农村部办公厅 粮食和储备局办公室关于颁布农产品食品检验员国家职业技能标准的通知（2019.1.14 人社厅发〔2019〕11 号）

• 人力资源社会保障部办公厅 农业农村部办公厅关于颁布沼气工国家职业技能标准的通知（2019.1.17 人社厅发〔2019〕12 号）

• 人力资源社会保障部办公厅关于做好 2019 年技工院校学生资助工作的通知（2019.3.21 人社厅发〔2019〕44 号）

• 人力资源社会保障部办公厅关于颁布劳动关系协调员等 16 个国家职业技能标准的通知（2019.3.26 人社厅发〔2019〕47 号）

• 人力资源社会保障部办公厅 市场监管总局办公厅 统计局办公室关于发布人工智能工程技术人员等职业信息的通知（2019.4.1 人社厅发〔2019〕48 号）

• 人力资源社会保障部办公厅 水利部办公厅关于颁布河道修防工等 4

个国家职业技能标准的通知（2019.4.9 人社厅发〔2019〕50 号）

·人力资源社会保障部办公厅 交通运输部办公厅关于颁布筑路工等 2 个国家职业技能标准的通知（2019.4.4 人社厅发〔2019〕52 号）

·人力资源社会保障部办公厅 自然资源部办公厅 交通运输部办公厅关于颁布工程测量员国家职业技能标准的通知（2019.4.12 人社厅发〔2019〕53 号）

·人力资源社会保障部办公厅 自然资源部办公厅关于颁布大地测量员等 7 个国家职业技能标准的通知（2019.4.12 人社厅发〔2019〕54 号）

·人力资源社会保障部办公厅 粮食和储备局办公室关于颁布（粮油）仓储管理员等 4 个国家职业技能标准的通知（2019.4.12 人社厅发〔2019〕56 号）

·人力资源社会保障部办公厅 中医药局办公室关于颁布中药炮制工等 2 个国家职业技能标准的通知（2019.4.11 人社厅发〔2019〕57 号）

·人力资源社会保障部办公厅 民政部办公厅关于颁布孤残儿童护理员等 3 个国家职业技能标准的通知（2019.4.22 人社厅发〔2019〕58 号）

·人力资源社会保障部办公厅 公安部办公厅关于颁布保安员国家职业技能标准的通知（2019.4.22 人社厅发〔2019〕60 号）

·人力资源社会保障部办公厅 应急管理部办公厅关于颁布消防设施操作员国家职业技能标准的通知（2019.5.10 人社厅发〔2019〕63 号）

• 国家发改委办公厅商务部办公厅 教育部办公厅 人力资源社会保障部办公厅 全国总工会办公厅 共青团中央办公厅 全国妇联办公厅关于开展 2019—2020 年家政培训提升行动的通知（2019.7.5 发改办社会〔2019〕769 号）

• 国家邮政局办公室 人力资源社会保障部办公厅关于加强快递从业人员职业技能培训的通知（2019.7.31 国邮办函〔2019〕255 号）

• 人力资源社会保障部办公厅 民政部办公厅关于颁布养老护理员国家职业技能标准的通知（2019.9.25 人社厅发〔2019〕92 号）

• 退役军人事务部办公厅 人力资源社会保障部办公厅关于做好退役军人职业技能培训工作的通知（2019.10.9 退役军人办发〔2019〕37 号）

• 教育部办公厅等十四部门关于印发《职业院校全面开展职业培训促进就业创业行动计划》的通知（2019.10.16 教职成厅〔2019〕5 号）

• 人力资源社会保障部办公厅关于颁布纺织纤维梳理工等 46 个国家职业技能标准的通知（2019.11.4 人社厅发〔2019〕101 号）

• 人力资源社会保障部办公厅关于颁布工业固体废物处理处置工等 24 个国家职业技能标准的通知（2019.12.10 人社厅发〔2019〕107 号）

• 人力资源社会保障部办公厅 中国民用航空局综合司关于颁布民航乘务员等 3 个国家职业技能标准的通知（2019.12.17 人社厅发〔2019〕110 号）

• 人力资源社会保障部办公厅 国家邮政局办公室关于颁布快递员等 2

个国家职业技能标准的通知（2019.12.18 人社厅发〔2019〕111 号）

·人力资源社会保障部办公厅 交通运输部办公厅关于颁布水上救生员等 4 个国家职业技能标准的通知（2019.12.20 人社厅发〔2019〕114 号）

·人力资源社会保障部办公厅 国家林业和草原局办公室关于颁布林业有害生物防治员国家职业技能标准的通知（2019.12.24 人社厅发〔2019〕115 号）

·人力资源社会保障部办公厅 中华全国供销合作总社办公厅关于颁布纤维检验员等 2 个国家职业技能标准的通知（2019.12.20 人社厅发〔2019〕116 号）

·人力资源社会保障部办公厅 财政部办公厅关于做好职业技能提升行动专账资金使用管理工作的通知（2019.12.25 人社厅发〔2019〕117 号）

·人力资源社会保障部办公厅 交通运输部办公厅国家铁路局综合司关于颁布轨道列车司机国家职业技能标准的通知（2019.12.20 人社厅发〔2019〕121 号）

·人力资源社会保障部办公厅关于扩大企业职业技能等级认定试点工作的通知（2019.4.12 人社厅函〔2019〕83 号）

五、人员管理

·职称评审管理暂行规定（2019.7.1 人力资源和社会保障部令第 40 号）

• 人力资源社会保障部 财政部关于深化会计人员职称制度改革的指导意见（2019.1.11 人社部发〔2019〕8 号）

• 应急管理部 人力资源社会保障部关于印发《注册安全工程师职业资格制度规定》和《注册安全工程师职业资格考试实施办法》的通知（2019.1.25 应急〔2019〕8 号）

• 人力资源社会保障部 工业和信息化部关于深化工程技术人才职称制度改革的指导意见（2019.2.1 人社部发〔2019〕16 号）

• 人力资源社会保障部 中国民用航空局关于深化民用航空飞行技术人员职称制度改革的指导意见（2019.2.26 人社部发〔2019〕19 号）

• 国家药监局 人力资源社会保障部关于印发执业药师职业资格制度规定和执业药师职业资格考试实施办法的通知（2019.3.5 国药监人〔2019〕12 号）

• 人力资源社会保障部 科技部关于深化自然科学研究人员职称制度改革的指导意见（2019.4.23 人社部发〔2019〕40 号）

• 人力资源社会保障部关于深化经济专业人员职称制度改革的指导意见（2019.6.13 人社部发〔2019〕53 号）

• 人力资源社会保障部 教育部关于深化中等职业学校教师职称制度改革的指导意见（2019.8.23 人社部发〔2019〕89 号）

• 市场监管总局 人力资源社会保障部关于印发《注册计量师职业资格制度规定》《注册计量师职业资格考试实施办法》的通知（2019.10.15 国市

监计量〔2019〕197号）

·人力资源社会保障部 中国社会科学院关于深化哲学社会科学研究人员职称制度改革的指导意见（2019.10.11 人社部发〔2019〕109号）

·人力资源社会保障部 中国外文局关于深化翻译专业人员职称制度改革的指导意见（2019.10.16 人社部发〔2019〕110号）

·人力资源社会保障部 农业农村部关于深化农业技术人员职称制度改革的指导意见（2019.10.26 人社部发〔2019〕114号）

·人力资源社会保障部 国家文物局关于深化文物博物专业人员职称制度改革的指导意见（2019.11.26 人社部发〔2019〕122号）

·人力资源社会保障部办公厅关于推行专业技术人员职业资格证书网络查询验证服务的通知（2019.2.20 人社厅发〔2019〕27号）

·人力资源社会保障部办公厅关于在“三区三州”等深度贫困地区单独划定护士等职业资格考试合格标准有关事项的通知（试行）（2019.7.26 人社厅发〔2019〕77号）

·人力资源社会保障部办公厅关于动员组织各类专家助力脱贫攻坚活动的通知（2019.3.27 人社厅函〔2019〕69号）

六、人事管理

·人力资源社会保障部 国家文物局关于进一步加强文博事业单位人事

管理工作的指导意见（2019.11.6 人社部发〔2019〕120 号）

• 人力资源社会保障部关于进一步支持和鼓励事业单位科研人员创新创业的指导意见（2019.12.27 人社部发〔2019〕137 号）

• 中共中央组织部 人力资源社会保障部关于印发《事业单位人事管理回避规定》的通知（2019.9.18 人社部规〔2019〕1 号）

• 中共中央组织部 人力资源社会保障部关于印发《事业单位工作人员培训规定》的通知（2019.11.28 人社部规〔2019〕4 号）

• 中共中央组织部办公厅 人力资源社会保障部办公厅关于印发《事业单位工作人员申诉案件办理规则》的通知（2019.1.18 人社厅发〔2019〕17 号）

• 人力资源社会保障部办公厅关于技工院校公开招聘有关事项的通知（2019.9.29 人社厅发〔2019〕95 号）

七、养老保险

• 人力资源社会保障部 财政部关于 2019 年调整退休人员基本养老金的通知（2019.3.13 人社部发〔2019〕24 号）

• 人力资源社会保障部办公厅 财政部办公厅关于降低在京中央国家机关事业单位基本养老保险单位缴费比例的通知（2019.4.30 人社厅发〔2019〕65 号）

• 人力资源社会保障部办公厅关于职工基本养老保险关系转移接续有

关问题的补充通知（2019.9.29 人社厅发〔2019〕94 号）

• 人力资源社会保障部办公厅关于机关事业单位养老保险关系转移接续办法实施后相关政策衔接问题的复函（2019.1.23 人社厅函〔2019〕19 号）

八、失业保险

• 人力资源社会保障部财政部 国家发展改革委 工业和信息化部关于失业保险支持企业稳定就业岗位的通知（2019.3.11 人社部发〔2019〕23 号）

九、工伤保险

• 人力资源社会保障部 国家卫生健康委关于做好尘肺病重点行业工伤保险有关工作的通知（2019.12.2 人社部发〔2019〕125 号）

• 人力资源社会保障部办公厅关于加快推进工伤保险基金省级统筹工作的通知（2019.9.26 人社厅函〔2019〕164 号）

十、基金监管

• 人力资源社会保障部关于公示增补企业年金基金管理机构资格认定评审专家的通告（2019.9.24 人社部函〔2019〕139 号）

• 人力资源社会保障部关于企业年金基金管理机构资格延续的通告（2019.10.31 人社部函〔2019〕152 号）

• 人力资源社会保障部办公厅 财政部办公厅关于确定城乡居民基本养老保险基金委托投资省（区、市）启动批次的通知（2019.2.25 人社厅发〔2019〕33 号）

• 人力资源社会保障部办公厅关于加强养老金产品管理有关问题的通知（2019.8.28 人社厅发〔2019〕85 号）

十一、社会保险经办管理

• 香港澳门台湾居民在内地（大陆）参加社会保险暂行办法（2019.11.29 人力资源和社会保障部国家医疗保障局令第 41 号）

• 人力资源社会保障部 财政部 国家税务总局国家医保局关于贯彻落实《降低社会保险费率综合方案》的通知（2019.4.28 人社部发〔2019〕35 号）

• 人力资源社会保障部关于印发《城乡居民基本养老保险经办规程》的通知（2019.8.13 人社部发〔2019〕84 号）

• 人力资源社会保障部关于建立全国统一的社会保险公共服务平台的指导意见（2019.9.24 人社部发〔2019〕103 号）

• 人力资源社会保障部关于印发《社会保险领域严重失信人名单管理暂行办法》的通知（2019.10.28 人社部规〔2019〕2 号）

• 人力资源社会保障部办公厅关于实施中国—卢森堡社会保障协定的通知（2019.2.19 人社厅发〔2019〕36 号）

• 人力资源社会保障部办公厅关于全面开展电子社会保障卡应用工作的通知（2019.3.21 人社厅发〔2019〕45 号）

• 人力资源社会保障部办公厅关于压缩制发周期优化社会保障卡管理服务的通知（2019.7.31 人社厅发〔2019〕79 号）

• 人力资源社会保障部办公厅关于实施中国—日本社会保障协定的通知（2019.8.27 人社厅发〔2019〕81 号）

十二、农民工工作

• 国务院办公厅关于促进家政服务业提质扩容的意见（2019.6.16 国办发〔2019〕30 号）

• 国家发展改革委 教育部 公安部 民政部 财政部 人力资源社会保障部 自然资源部 住房城乡建设部 农业农村部 国家卫生健康委 国家医保局 国务院扶贫办印发《关于进一步推动进城农村贫困人口优先享有基本公共服务并有序实现市民化的实施意见》的通知（2019.2.13 发改社会〔2019〕280 号）

• 国家发展改革委 商务部 教育部 人力资源社会保障部 全国妇联关于开展家政服务业提质扩容"领跑者"行动试点工作的通知（2019.7.5 发改社会〔2019〕1182 号）

• 人力资源社会保障部办公厅关于《国务院办公厅关于促进家政服务

业提质扩容的意见》部内分工的通知（2019.7.25 人社厅督〔2019〕22 号）

十三、劳动关系

•人力资源社会保障部 全国总工会 中国企业联合会 / 中国企业家协会 全国工商联关于表彰全国模范劳动关系和谐企业与工业园区的决定（2019.3.23 人社部发〔2019〕25 号）

•国家发展改革委 中央组织部 教育部 公安部 人力资源社会保障部 交通运输部 文化和旅游部 全国总工会 中国气象局关于改善节假日旅游出行环境促进旅游消费的实施意见（2019.11.24 发改社会〔2019〕1822 号）

•全国总工会 人力资源社会保障部 中国企业联合会 / 中国企业家协会 全国工商联关于实施集体协商“稳就业促发展构和谐”行动计划的通知（2019.6.5 总工发〔2019〕23 号）

•交通运输部等十八部门关于认真落实习近平总书记重要指示推动邮政业高质量发展的实施意见（2019.8.1 交政研发〔2019〕92 号）

十四、劳动人事争议调解仲裁

•人力资源社会保障部 最高人民法院 中华全国总工会 中华全国工商业联合会 中国企业联合会 / 中国企业家协会关于实施“护薪”行动全力做好拖欠农民工工资争议处理工作的通知（2019.7.26 人社部发〔2019〕80 号）

·人力资源社会保障部办公厅关于在全国推广使用“互联网 + 调解”服务平台的通知（2019.8.16 人社厅函〔2019〕144 号）

十五、劳动保障

保障农民工工资支付条例（2019.12.30 国务院令第 724 号）

·国务院办公厅关于成立国务院根治拖欠农民工工资工作领导小组的通知（2019.8.3 国办函〔2019〕79 号）

·国务院根治拖欠农民工工资工作领导小组办公室关于印发《2019 年度保障农民工工资支付工作考核细则》的通知（2019.9.30 国治欠办发〔2019〕2 号）

·解决企业工资拖欠问题部际联席会议关于印发《2018 年度保障农民工工资支付工作考核方案》的通知（2019.3.7 人社部发〔2019〕21 号）

·人力资源社会保障部关于印发《人力资源和社会保障领域随机抽查事项清单（第二版）》的通知（2019.12.27 人社部函〔2019〕173 号）

·人力资源社会保障部 发展改革委 财政部 住房城乡建设部 交通运输部 水利部 国资委关于开展根治欠薪夏季行动的通知（2019.7.8 人社部明电〔2019〕6 号）

·国务院根治拖欠农民工工资工作领导小组办公室关于开展 2019 年度根治欠薪冬季攻坚行动的通知（2019.11.7 人社部明电〔2019〕9 号）

第五章　人力资源培训发展历程及趋势分析

乡村振兴，人才是关键。党的十八大以来，党中央、国务院高度重视职业能力建设工作，制定出台了新时期产业工人队伍建设改革方案，推行终身职业技能培训制度，大力发展技工教育，大规模开展职业培训，积极开展职业技能竞赛等一系列重要战略部署。党的第十八届三中全会提出“构建劳动者终身职业培训体系”，十八届五中全会提出“推行终身职业技能培训制度”的要求，为面向全体劳动者的终身职业培训体系的构建指明了方向，提供了宏观政策遵循。

第一节　人力资源发展历程

一、人力资源管理的历史

（一）从传统人事管理到人力资源管理

人事管理的起源可以追溯到非常久远的年代，对人和事的管理是伴随组织的出现而产生的。现代意义上的人事管理是伴随工业革命的产生而发展起来的，并且从美国的人事管理演变而来。20 世纪 70 年代后，人力资源在组织中所起的作用越来越大，传统的人事管理已经不适用，它从管理的观念、模式、内容、方法等全方位向人力资源转变。从 80 年代开始，西方人本主义管理的理念与模式逐步凸现起来。人本主义管理，就是以人为中心的管理。人本主义管理被作为组织的第一资源，现代人力资源管理便应运而生。它与传统的人事管理的差别，已经不仅是名词的转变，两者在性质上已经有了较本质的转变。

1. 传统人事管理活动

早期的人事管理工作只限于人员招聘、选拔、分派、工资发放、档案管理之类琐碎的工作。后来逐渐涉及职务分析、绩效评估、奖酬制度的设计与管理、人事制度的制定、员工培训活动的规划与组织等。

2. 传统的人事管理工作的性质

传统人事管理基本上属于行政事务性的工作，活动范围有限，以短期导向为主，主要由人事部门职员执行，很少涉及组织高层战略决策。

3. 传统人事管理在组织中的地位

由于人事活动被认为低档的、技术含量低的、无须特殊专长的工作，因而传统人事管理工作的重要性并不被人们所重视，人事管理只属于执行层次的工作，无决策权力可言。

（二）现代人力资源管理与传统人事管理的主要区别：

1. 区别一

现代人力资源管理是将传统人力资源管理的职能转变为：为实现组织的目标，建立一个人力资源规划、开发、利用与管理的系统，以提高组织的竞争能力。因而，现代人力资源管理与传统人事管理的最根本区别在于现代人力资源管理具有战略性、整体性和未来性。它被看作一种单纯的业务管理，从技术性管理活动的架构中分离出来。根据组织的战略目标而相应制订人力资源管理与战略，成为组织战略与策略管理的具有决定意义的内容。

2. 区别二

现代人力资源管理将人看作组织的第一资源，更注重对其开发，因而更具有主动性。这也是现代人力资源管理与早期人力资源管理的区别。早期人力资源管理往往只强调人力资源的管理，而忽略人力作为一种资源具有可开发的特征，忽略人力资源具有能动性的特征，忽略能动性的开发。现在，组织对人力资源的培训与继续教育越来越重视。其投资在不断增大，从一般管理的基本理论与方法到人力资源规划。组织中参加培训与教育的人员越来越多，从高层到基层员工从新员工到即将退休的员工，每一个层次与年龄段的员工均参加培训与教育，人力资源开发的方式也有较大的改变，工作内容的丰富化、岗位轮换、更多机会的提供，员工职业生涯的规划均成为新型的人力资源开发方法，传统的院校培训、企业使用，或者企业自己培养、自己使用的方式，也更注重对员工的有效使用。人力资源管理部门成为组织的生产效益。人力资源的功能的根本任务就是用最少投入来实现组织上的目标，即通过职务分析和人力资源规划，确定组织所需要最少的人力数量和最低的人员标准，通过招聘与录用规划，控制招聘成本，为组织创造效益。人力资源开发功能则更加能够为组织创造经济效益。一方面，人力资源开发的最终结果就是能够为组织带来远大于投入的产出；另一方面，通过制订切实可行的人力资源开发计划，可在成本上为组织节约更多投入。人力资源的整合与调控的目的在于员工的满足感，提高其劳动积极性，发挥人力资源的整体优势，为组织创造效益。组织是一个开放的社会系统，是一个与社会环境互相作用与影响的投入—产出系统，因此我们既要注重人力资源的自然性，注重员工能力的识别、发掘、提高与发挥，更要注重人力资源的社会属性，注重员工的社会心理。注重组织与社会的协调发展，注重员工与组织的协调发展。既要着眼于生产力与效益的提高，又着眼于员工满意度与工作生活质量的提高。同时，组织是一个“整体增长”的系统。组织中，在对人力资源的开发与管理的过程中，既要注重员工个体的作用，更要注重员工与员工之间的合作与协调，强调团队的整体优势与组织的整体优势，既要注重员工在岗位上发挥其应有的作用，更注重员工在组织中最适合其潜能发挥的岗位上为组织效力。人力资源的补偿功能同样也能够为组织带来效益。激励是人力资源管理的核心工作，目的在于激发员工的工作动机。合理的奖酬与福利作为激励最直接的手段，可以调动员工工作的积极性，发挥员工的作用，为组织效力。合理的奖酬与福利也可以为组织节约成本，因为合理的奖酬与福利由两个方面因素决定：一是报酬与福利；二是应该能够反映出本地区同行业相应的报酬与福利水平。

二、人力资源管理的现状

“人力资源”一词是当代著名管理大师彼得德鲁克于 1954 年在其《管理的实践》一书提出的。在这部学术著作里，德鲁克提出了管理的三大广泛的职能，即管理企业、管理经理人员和管理员工及他们的工作。在讨论管理员工及其工作时，德鲁克引入“人力资源”这个概念。他指出和其他资源相比，唯一的区别它就是人。并且是经理们必须考虑的具有“特殊资产”的资源。德鲁克认为人力资源拥有当前其他资源所没有的素质，即“协调能力、融合的能力、判断能力”。经理可以利用其他资源，但是人力资源只能自我利用。“人对自己是否工作绝对拥有完全的自主权利”。第二次世界大战之后，由于科技的发展运用于管理，人的作用曾经被忽略，但是在21世纪的知识经济中，企业必须依赖其管理人员与技术人员的创造性与主动性来赢得竞争优势，这样就不可能低估人的作用，于是人本主义管理上升为管理的主流管理价值观，即把人当作企业的主体，确立人在企业中的主导地位，把企业的一切管理活动主要围绕调动员工的积极性、主动性和创造性来进行和展开。现代企业的终极目标，传统企业的经济目标是追求利润最大化，而现代企业的目标是追求经济效益与社会效益。人力资源是进行社会生产最基本最重要的资源，和其他资源相比，人力资源具有能动性、两重性、时效性、再生性和社会性。

（一）如何加强企业人力资源的管理

1. 确立“人本管理”的价值取向

市场经济是一种效能经济，谁的效率高、能力强，谁就会在竞争中占优势，赢得高附加价值、低成本的回报。因此，企业人力资源管理的核心价值取向，也必须由权本位、亲情本位向效率本位、能力本位转变。企业领导必须带头转变观念，树立“以人为本，效能优先”的管理观念，把人用好、用活、用到最适宜发挥作用的地方。制定与之适应的制度。尤其是公平、公正的员工评价、激励和约束制度，真正做到“能者上，庸者下”，调动员工的积极性，发挥员工的创造潜能。把人力资源当作企业发展的第一资源，把优化人力资源配置当作最重要的资源配置，盘活人力资源，优化结构，合理配置，发挥团队、群体、组织的效能。

2. 树立人力资源是企业重要的资源

（1）人力资源的内涵包括人力资源的开发。人力资源的开发是培养职工知识技能、经营管理水平和价值观念的过程。人力资源开发也是劳动者的内在需求。因此作为企业最能动、最活跃的资源——人力资源，其管理和开发必须有一个开放的动态的体系。

（2）优化人力资源配置。人力资源优化配置是一个系统工程，它至少包括以下体系：组织分工体系、员工评价激励约束体系、员工社会保障体系。其中组织分工体系是最重要的体系，必须实行动态管理：

① 根据企业内外部环境的变化及时调整组织结构和劳动分工，力争人力资源的最有效组合。

② 根据每年员工的业绩考评，给予晋升，力争达到“能级对应”。

③ 加强中层管理人员交流，使他们更了解企业的经营思想、管理特色、

业务流程等。

3. 开发人力资源潜能

目前，我国人力资源普遍存在三大缺陷：数量多，质量差，结构不合理。当然，这只是一种暂时现象，如果通过有目的、有计划的培训，挖掘员工的潜能，还是可以改变的。这就是为什么许多国际大公司把企业称为"学习型组织"。据统计：一个人在学校学习的知识或者技能只占他一生拥有的知识和技能的40%。完全可以通过自学、培训改变数量多、质量差、结构不合理的局面。

4. 建立完善的绩效评价系统

人力资源部门应该通过职位分析形成规范的岗位说明书，明确员工的责任，确定员工的工作目标或者任务。通过岗位评估判断职位的相对价值，建立公司的薪酬政策，使员工产生清晰的期望。现代企业的绩效考评一般建立在两个假设基础上：一是大多数员工为报酬而努力工作，能够获得更高的报酬，因此他们才关心绩效评价；二是绩效考评过程是对管理者和下属同时评估的过程，因为双方对下属发展均有责任。绩效评价有两部分内容：结果和成绩（目标、权利、责任、结果），绩效要素（态度表现、能力）。目标结果一般以量化指标进行衡量，应负责任的成绩一般以责任标准来考核。绩效要素包括：主动性、解决问题、客户导向、团队合作和沟通。对管理者而言，包括领导、授权、和其他要素最终的绩效评价结果是两部分内容加权的总和，两者分别 60% 和 40%。

5. 制订可行策略，吸引、留住人才

制定可行策略、吸引、留住人才。对员工进行公正的评价，有利于公司人员相对稳定，但是要真正留住人才，却非一时间就可以完成。为了使人才流失降到最低，现代企业应该制订并且执行科学合理的转换成本策略，即员工试图离开公司时会因为转换成本而放弃。这就需要在制订薪酬政策时充分考虑短期、中期、长期报酬的关系，年轻为特殊人才设计特殊的薪酬方案。薪酬政策是吸引、保留和激励员工的重要手段，是公司经营成功的影响因素。影响薪酬水平的因素有三个：职位、员工和环境。即职位的责任和难易程度、员工的表现和能力以及市场的影响。薪酬政策的目的是提供本地区具有竞争力的报酬，激励和发展员工更好地工作并且获得满足。

三、人力资源管理的未来

在人类跨入 21 世纪的今天，人力资源管理也经历一个多世纪的发展。随着时代的变化，社会经济的发展，科学技术的进步，组织形式的不断革新以及作为人力资源管理的对象——人的变化，人力资源管理在管理理论、管理实践和管理方式都在不断地变化。经济的全球化趋势改变了各个领域的管理哲学与管理实践，其中人力资源管理首当其冲。人力资源管理实践必须符合并且适应现代管理理论的新趋势，传统的人力资源管理受到挑战。

21 世纪的人力资源管理面临外部环境的变化——经济全球化和知识化所带来的挑战。许多学者将经济全球化和知识化作为影响人力资源管理的重要因素之一。未来企业更加重视国际的竞争，而不再只是国内的竞争机会。全球化的同时，知识经济已经成为当今和未来世界经济的主要形式。作为知识经济微观基础的知识型企业，应该更加重视知识的创造、整合与利用，重视知识的管理。知识管理能力开始成为企业核心的竞争能力，知识成为企业竞争优势的源泉。

（一）21 世纪的企业人力资源管理

经济全球化是近十年来世界变革最重要的趋势之一，全球化主要是由于经济全球的发展和国内市场对外国市场的开放。原来的计划经济体制向市场经济体制的转轨也对全球化进程产生深刻的影响。全球性的市场为企业特别是全球企业的发展提供很多的机会，但是同时也提出各种的挑战。无论是管理者还是理论的研究人员，都将全球企业竞争力问题在 21 世纪面临的主要问题之一。在复杂和动态的环境中，企业需要开发和培养企业所独有的资源和能力系统。然而企业的核心能力是不会一成不变的，企业的核心能力会逐渐变成未来发展的主要阻力，全球企业必须不断开发和更新核心能力。核心能力实际是企业的一种平衡能力，是在对经济全球化的反应能力和维持稳定的能力之间的保持平衡的能力。因此，协作是全球企业建立核心能力和取得竞争优势的关键。全球企业必须采用不同于传统公司的战略，通过全球战略、联盟战略和合作战略来建立和维持竞争力。这些战略有助于企业成为有效的、创新的、学习型的和有竞争力的企业。在新的全球经济中，竞争能力将越来越多地依赖于创新能力。谁能够成为全球性的、创新的和拥有丰富关系资源的企业，谁就能够拥有更为强大的能力和竞争优势。因此，越来越多的全球企业重视人力资源，并且开始全面提高企业的人力资源的能力。正如国际组织与生产力中心指出：真正的全球性组织成功的关键因素是将人力资源的作用与组织的国际目标相整合。这种紧密联系有利于促进企业的发展，也能够为员工个人提供发展的机会。全球企业需要建立全球人力资源战略，如：全球的人力资源战略、全球激励政策和全球培训来实现在全球范围对人力资源的配置。全球化的人力资源战略是实现全球企业的战略和柔性战略的工具。总之，面对企业地理环境的扩张，面对更加复杂的环境，全球企业需要改进人力资源管理，包括：改善其功能、观念、战略以及采用新的工具。

（二）建立人力资源管理战略

一是培养全球观念。全球观也可称为全球世界观，是有关企业如何考虑其国际经营活动的理念。全球性考虑企业的经营活动，全球性开展企业的研究与开发活动以及全球性的进行商务活动，是衡量企业是否已经形成全球观的标准。换言之，全球观是有关企业的思维方式；二是培养协作与团队精神。全球性的战略协作以其地理上的柔性、多样性以及对当地市场和当地政府的应对性，在优化企业重大活动方面发挥重要作用。全球性的协作是对各业务单位所构成的网络的资源流动、共同体意识和范围经济的管理。全球企业的任何人必须彼此依靠，而彼此之间的伙伴关系是企业的重要资源。通过团队合作，协作机制就能够逐步形成。人力资源管理需要在激励机制中更多强调团队合作，鼓励员工的互相帮助。对于 21 世纪的全球企业，与其他组织的员工进行有效合作也是非常重要的。全球企业中的协作机制的发展，依赖于员工沟通技能和团队合作技能的提高。企业在沟通和合作技能上的投入越多，同时，新的跨文化的观点也有利于协作关系的发展；三是培养全球范围内有效的沟通。有效的沟通是组织的一种资源。全球信息和知识系统帮助全球企业在不同的业务单位之间整合和分享有价值的消息与知识，并且能够有效促进知识库的建构；四是开发全球经理人员和全球知识工作者。全球企业用多种方法开发全球人才，有些全球企业甚至通过“买”和“借”的方式获得高质量的人才。同时，越来越多的全球企业开始利用咨询人员等外部关系。用市场交易的方式从其他国际企业或者当地组织获得人才，可以在获得知识和经验的同时，保持人力资源方面的柔性；五是建立新的全球激励机制来适应新挑战。新的全球激励机制需要提高柔性战略下员工对企业的忠诚度，这需要报酬制度的创新。同时我们需要重新设计新的激励机制来鼓励知识的分享。同时，人力资源管理也更新企业的绩效评价系统，特别强调网上论坛的团队合作与参与。

六是通过制度安排跨文化培训建立企业不同的事业部、不同公司、不同文化之间的责任。信任能够促进沟通，鼓励合作，并且降低冲突。但是在全球环境下培养信任是困难的。为了培养不同单位、不同文化的信任，全球企业需要跨文化培训，需要建立信息共享系统，也需要强调对公司全球绩效的贡献。而在伙伴企业之间培养彼此信任是公司实践最重要的趋势。在企业间合作中存在关系风险的情况下，信任是企业竞争力的源泉。

（三）国外有关人力资源管理的研究进展

人力资源管理过去作为维持组织正常运作的一项管理职能，如今它发展到企业的管理战略的层次，具有与财务管理、市场营销等工作同等地位。人力资源管理对于企业绩效的提高的作用已经逐渐被人们认可，其在战略层次上与企业绩效的正相关关系也为国内外企业实践所证实，随着人力资源管理的发展和实践的深入，人力资源管理已经成为一门关于企业管理的新兴学科，成为管理学的一个重要的学科分支。目前，人力资源管理的研究与实践已经超越员工招聘与配置、培训与发展、工作设计、业绩考评、薪酬设计等传统内容，形成三个新的发展方向：一是战略人力资源管理，将人力资源管理与组织发展战略目标的实现结合在一起；二是国际人力资源管理，强调经济全球化情况下跨文化的人力资源管理；三是政治化的人力资源管理，探讨企业文化、非正式组织的活动对人力资源管理的影响。这些方面的研究正在改变已有人力资源管理的概念、分析框架，促进人力资源管理理论体系的形成和完善。

（四）未来人力资源发展趋势

1. 战略人力资源管理

人力资源管理部门逐渐成为能够创造价值并且维持企业核心竞争能力的战略性部门，人力资源管理的变化必须与企业的其他领域互相匹配，才能保证企业在新的经营环境下保持并且维持竞争优势。

2. 知识工作者的管理

知识经济和知识管理时代的到来使企业的人力资源管理发生了重大的变化，知识工作者已经成为企业人力资源管理的一个重要的组成部分，对知识工作者管理必须有别于传统的人力资源管理。对知识工作者进行有效的管理，主要表现在以下六点：一是合理、有吸引力的薪资与福利；二是充分公开和高效的信息沟通；三是公正平等的招聘政策；四是跨文化培训与管理；五是开放的知识分享和民主决策；六是持续有效的系统激励模式。

3. 组织学习与学习型组织

组织学习是企业适应知识经济时代发展需要的一种必然结果。组织学习是不断提高并且持续保持适应能力的重要手段，而学习型组织则是通过持续有效的组织学习获得生存和发展机会的组织形态，也是21世纪最具有竞争优势和最具有适应能力的组织形态。人力资源管理部门必须有效地组织系统学习，建立和完善学习型组织作为其重要领域。

4. 网络化组织

随着网络的发展，经济变成网络体系，并由变化速率和学习速率所推动。组织日益变得扁平化、开放化，组织的层次在逐步减少。充分授权、民主管理、自我管理等网络特征已经出现，以团队为基础的组织及管理方式正在形成。

5. 企业价值、企业管理与人力资源管理的道德问题

随着文化的多元化趋势和价值冲突与对立加剧，组织知识管理和全球网络化经营需要不同的文化、不同的价值的整合与共享，企业精神价值的整合作用、企业伦理操守的激励与约束作用被越来越多的企业重视。而人力资源管理的重要任务就是正确地揭示企业价值的内涵并且有力促其传播，尊重员工个人的价值并将其有效整合于组织伦理价值之中。

6. 文化培训和跨文化管理

经济全球化所带来的管理的文化差异和文化管理问题，已经成为人力资源管理领域的一个重要问题。当今和未来人力资源管理的一项的职责就是克服组织内文化差异引起的文化冲突，其有效的途径是实行跨文化管理和跨文化培训。在跨文化管理中，全球观念、系统概念、多元主义是培训文化开放与宽容的思想基础，而有效的不同文化的交流与对话，特别是深度对话是实现文化整合和文化共享的重要途径。跨文化培训已经成为人力资源管理的重心所在，是实现文化整合的有力工具。

第二节　中国企业培训发展历程与展望

经过多年的发展，“培训”为企业的成长做出了重要贡献，已得到广大企业的认可与接受。但是，由于我国企业培训发展时间相对较短，还存在很多认识上、实践上的误区和问题。因此，我们有必要回顾中国企业培训的发展历程、分析现状，以期对广大人力资源从业者提供一些思考和建议。

一、中国企业培训的发展历程

自 1949 年新中国成立以来，我国企业的教育培训主要经历了以下四个发展阶段：

第一阶段是“计划经济时期”（1949 年至 1980 年）。此阶段，企业教育培训主要分为由上级部门组织的方针政策学习、企业自行组织职工进行的内部上岗、职业技能“扫盲培训”。

第二阶段是“大学主导时期”（1980 年至 1996 年）。这一阶段，企业一般请大学教授为员工做“普及教育”，主要以开拓思想、把握宏观形势和进行现代企业管理知识的基础教育。刘光起的“A 管理模式”就是那时的典型代表。

第三阶段是“培训产业化时期”（1997 年左右，至今仍延续）。1997 年前后，和君创业、派力营销、群英顾问等一批专业培训公司出现，短期公开课程持续升温，开始注重专业技能和行业特点，但内容仍缺乏针对性；1999 年后企业开始注重个性化服务，开展从个别内部培训课程到系列内部培训，企业内训市场大幅增长。

第四阶段是“企业自主教育时期”（2000 年以后）。一大批知名企业开始建立自己的培训管理体系，尤其是企业商学院或企业大学，根据企业的实际情况独立或与外部机构一起开发适合自己的系列培训课程和培训管理机制。比如，1999 年 12 月 26 日，海尔大学成立；2000 年，国内多家企业商学院成立，如四川新希望企业商学院、完达山企业商学院、武汉小蓝鲸企业商学院、联想管理学院（培训中心）；2001 年，伊利集团商学院成立；2002 年，首旅学苑、金碟大学成立；2003 年的蒙牛大学；2004 年，我国培训市场更加“热闹”，其中两个现象值得注意：一是执行力；二是名师化。

现象一：执行力

自图书《执行——如何完成任务的学问》在 2003 年热销之后，众多企业和经理人似乎一夜间发现，企业经营出现问题主要在于大多数员工缺乏执行力，似乎执行力就是企业发展的唯一瓶颈。于是，“执行力”成了

2004年的培训主题。很多培训人士先后开发推出了各自的执行力培训课程，比如高贤峰的“人本管理与执行力打造”、余世维的“赢在执行力”、姜汝祥的“中国企业执行力”、江广营的“执行力开发与塑造”等，每个人都从不同的角度对执行力的开发、塑造、提升进行阐释。总的来说，2004 年的执行力课程就是两个字——“火”“热”。而当我们冷静下来仔细思考，正如余世维所说：“中国企业是现在才开始缺执行力的吗？其实中国原来所说的‘贯彻’就是眼下的‘执行’，只不过现在换了一个概念而已。”回顾前些年出现的“A 管理模式热”“海尔经验热”，与 2004 年出现的“执行力热”有异曲同工之处。

现象二：名师化

培训前鉴别、甄选老师的千辛万苦、培训中的提心吊胆、培训后因效果不理想而招致的怒骂……这一切让人力资源经理（尤其是培训经理）陷入尴尬境地。找名师几乎成了培训管理人员能想到的唯一的办法。一时间名师之风盛起，其中尤以余世维风头最劲。这些名师确实讲得不错，讲台之上妙语连珠，培训现场群情激昂，大家高高兴兴而来，欢欢喜喜离去。对于培训负责人而言，请名师让培训遭抱怨的短期风险降至最小。但是，几乎 75% 以上的人都有这样的感觉：听完大师们的课，激动但无法行动。因为，本身这些名师百家争鸣的观点到底对与不对、是否适合本企业已很难说，就更不用再提学以致用、活学活用。

二、我国企业培训的六大问题

细数过去，我们认为，中国企业培训存在以下六个方面的问题：

（一）认识上的两大误区

一种误区是，有些人认为培训只是一种消费，一种成本的支出。然而，国外多年的相关统计表明，员工培训的投入产出比为 1:50，就是投资 1 美元，可以创造 50 美元的收益。事实上，较之其他投入，在培训上的投入更能给企业和个人带来丰厚的回报，而且效益具有综合性和长远性。

另一种误区是害怕“为他人作嫁衣”。然而，企业投资员工培训，这是一件一举两得的事情：企业获得了优秀的人力资源和市场业绩，员工个人获得到了成长。很多著名成功企业最吸引人才加盟的因素之一就是其系统的培训，比如 IBM、惠普、西安杨森。其实，西安杨森销售人员的薪酬收入在业界不算太高，但是很多优秀人才还是希望加盟西安杨森，主要动因就是西安杨森专业系统的培训确实很有吸引力；这些人员在西安杨森获得培训和成长的同时，也帮助西安杨森获得了骄人的业绩，并铸就了优秀的品牌，比如西安杨森素有“医药行业的黄埔军校”的美誉。

（二）培训投资严重不足

由于认识上的不足，我国企业在员工培训方面的投资一直很低，与发达国家相比仍处于较低的水平，极大地制约着企业生产管理水平的提高，进而影响了企业的竞争力。现在，中国对人力资本的投资始终在 2.5% 左右徘徊，而劳动力技能指数仅居世界第 59 位。一项对 282 家国有企业的调查表明，员工培训投资经费只有工资总额的 2.2%（职工人均教育经费仅 49.5 元），远低于发达国家 10% ~ 15% 的水平。

（三）缺乏知识管理意识和有效机制

知识管理（knowledge management）已经广为介绍，一些企业也设立了相关的正式职位，比如知识经理（知识主管）。然而，很多经理人并没有真正树立起知识管理意识，企业也没有建立相应的知识管理机制（即将隐性知识转化为显性知识，也就是将储存于员工头脑中的零碎的信息或还不成熟、不系统的经验转化为系统的、成熟的可以操作的知识和工作方法），一直处于“知识经验随人走”的风险中。因此，培训管理人员必须在实际工作中有计划地帮助企业及时整理各种信息和经验。比如，天津天士力进行的专题案例培训，每过半年就会将业绩最好的人员集中起来，根据自己的优秀事例从客户管理、市场策划、投入产出比等方面编写专题案例，然后由他们和培训师一起主持案例讨论，在取得良好培训效果的同时，帮助企业整理了确实有效的工作方法和思路，极大地丰富了天士力的“知识库”。

（四）培训管理系统不健全

中新人才产业有限公司对中国企业培训的一份调查报告显示，92% 的企业没有完善的培训体系。在企业的培训管理机构方面，仅 42% 的企业有自己的培训部门；在培训制度方面，64% 的企业声称有自己的培训制度，但深层访谈发现，大部分企业承认自己的培训制度流于形式；在培训需求确认方面，进行过规范的培训需求分析的企业也是凤毛麟角。

（五）缺乏课程研发能力和课程选择能力

多数企业没有自己的研发机构和人员，主要依赖外部培训机构供给培训课程。然而，许多企业在外购培训课程时缺乏判断能力，往往人云亦云，盲目跟风，据有关统计，目前约有不少企业选择了 70% 以上根本不需要的培训课程。自进入 2000 年以来，许多企业强调培训为业务经营服务，在培训内容上提出了针对企业业务的实战性要求。因此，培训管理人员需要运用科学合理的分析方法和工具来准确把握企业的培训需求，并根据培训需求设计符合企业实际情况的培训课程，也就是说，不再一味购买一般通用性培训课程，而是遵循成人学习规律，研发高度企业化的培训项目，为企业经营提供动力。

（六）缺少优秀的培训师

不言而喻，一项培训活动成功与否，关键在于培训师是否合格。然而，许多培训师缺乏一线实战经验，或对企业情况不熟悉，他们无法将理论知识与企业实际很好地结合起来。更让人担忧的是，目前培训市场鱼龙混杂，许多培训师都是咨询公司“包装”出来的，现学现卖，并没有什么真才实学。因此，培训管理人员必须把各级部门或业务主管或业务骨干培养成企业内部兼职培训师，将他们取得优秀业绩的方法或经验在企业内部共享和推广，一方面是对他们个人的肯定，另一方面可以将他们零碎、不系统的经验予以系统化整理，从而发展企业独特的经营管理方法。

三、企业培训中面临的“四大挑战”

迎接四大挑战，帮企业获取竞争优势。当今世界，培训人员不仅需要应对上面谈到的六个现实问题，配合企业业务发展的需要，帮助员工提升知识和技能的基本职能，还需要帮助企业有效迎接四大竞争性挑战，获取竞争优势。

1. 培训与全球化挑战。中国众多企业国际化进程的序幕已经拉开，伴随的必然是经营管理和人才的国际化，必然需要向海外派驻大量的人员。2005 年 4 月 19 日，由中华英才网主办的《中国人才国际化对接高峰论坛》的结论之一，就是会英语不等于国际化。居高不下的驻外人员失败率，一直是众多知名跨国企业的苦恼。失败原因之一是跨文化培训不到位，驻外人员并不理解相关国家的文化和准则。正在国际化进程中的海尔、联想、TCL 等必须要补的一课，就是给驻外人员开展有效的跨文化培训。

2. 培训与质量挑战。中国的产品在世界上一直以便宜著称。之所以便宜，除了综合生产成本低之外，就是产品的质量还有待提高。而培训教给员工与质量有关的控制技巧，让产品的质量在生产过程中就已得到提高，从而使企业从容应对质量挑战。

3. 培训与多元化挑战。自改革开放以来，大规模、高频率的民工潮和人员流动已成为我国的一道景观，员工多元化是企业人力资源管理中面临的一个现实问题。为了成功地管理多元化的员工队伍，企业和员工必须进行一系列的培训：与不同背景的员工有效沟通，指导和开发不同年龄、文化程度、身体素质和民族的员工，提供不受价值观、性别、身体状况、地域等为基础的固定模式的绩效反馈，营造一种使不同背景的员工都能发挥创造性和积极性的工作环境。

4. 培训与高绩效工作系统挑战。随着科技发展的日新月异，企业的产品和服务具备了科技化、多样化的特点。虽说可以利用高科技提供多样化产品和使顾客满意的服务，但是员工需要比以前更优秀的倾听意识以及与客户沟通能力。在高科技时代，人际交往技能（如谈判和冲突管理）及解决问题的能力要比以往许多生产性和服务性工作要求具备的体能、协调性和良好的操作技能重要得多。而这些技能或能力的提升都离不开培训。

第三节 人力资源培训的现状及发展建议

随着社会主义经济的发展，我国企业在参与市场竞争的过程中，需要实现对人力资源的有效管理，进而才能获得竞争优势。而人力资源培训与开发是提高人力资源管理水平的重要保障，对于我国大中型国企来讲，实现人力资源培训的创新与开发刻不容缓。本节旨在探讨我国国有企业人力资源培训与发展现状的基础上，提出我国国有企业人力资源培训与发展的相应对策。伴随着经济全球化势不可挡的风暴，中国经济的发展也是日新月异。在这个快速发展的过程中，企业的管理层也越来越认识到人力资源管理的重要性。人力资源管理体系的不健全，尤其是培训体系不完善，会带来十分严重的问题和局面。比如员工的自由放任、缺乏管理，员工离职率居高不下；还会带来成本的大幅增长，长远来看，人力资源培训体系的不完善，还会影响甚至阻碍企业的健康发展。

一、人力资源培训与开发现状及存在的问题

（一）国有企业人力资源培训与开发现状

我国国有企业人力资源培训与开发现状主要表现在两大方面：一是国有企业人力资源培训与开发的理念正在发生重要大转变。面对日益残酷的市场竞争，越来越多的国有企业管理者认识到原有的人事管理观念已不适应新时代的要求。新时代要求国有企业管理者不但必须从市场经济的角度审视企业发展战略，重视企业文化建设，提高企业经济效益，而且更重视国有企业的人力资源培训与开发，充分发挥生产要素中最活跃的因素——人力资源的作用，以获取和保持自己的核心竞争力；二是国有企业正积极探索新的人力资源培训与开发的制度和组织模式。近些年来，国有企业随着现代企业制度的建立，企业在人事制度、分配制度等方面都进行了重要改革，一些大型企业逐步向集团化的方向发展，有的已经具备跨国公司的雏形。目前我国的国有企业人力资源培训与开发制度和管理组织模式尚处于积极探索阶段，还未形成完全符合社会主义市场经济要求的现代管理制度和管理组织模式。

（二）国有企业人力资源培训与开发存在的问题

1. 国有企业人力资源培训与开发的观念仍待进一步转变

国内越来越多的国有企业开始重视员工的培训与开发，将员工的培训与开发同企业的发展目标结合起来，然而，在培训与开发实施中，高层领导真正重视培训与开发工作最终流于形式，没有真正产生较大的功效。

2. 内容设计不合理，培训不连贯

我国目前的人力资源培训，往往都是在出现问题后进行，具有明显的滞后性。在培训内容的设计上也存在严重的误区，往往是临时治疗，没有长远的眼光。另外一种形式是为了完成上级部门下达的任务，每年要进行必要的培训，这样的培训没有合理的取向，只是为了应付。导致培训的形式化，耗费了大量的人力、物力和财力，却没有达到应有的效果。而且，面对一年一度的培训，时代在发展，信息在更新，而培训的内容却固定不变，这样的培训又有多少价值和意义呢？诸多单位的培训缺乏创新。我国诸多的培训在形式上仍然采取传统的“上面讲、下面听”的模式，这种传统的模式相对死板、枯燥，导致被培训人员没有兴趣，继而影响培训的效果。同时，培训过程管理不到位，存在睁一只眼闭一只眼的情况，导致长此以往员工对培训产生可有可无的心理。

二、创新人力资源培训与发展建议

（一）培训开发体系与企业文化建设结合

改善员工的硬技能固然重要，同时改善他们的软环境，如纪律、职业道德和献身精神更为重要。提高这些软环境，对保证国有企业培训开发效果来说非常关键，因为它是对硬技能培训有效性的保障，同时也更具挑战性，因为软环境要求员工改变他们的态度。这种软环境正是企业文化。优秀的企业文化，可以提高企业的内聚力，提高企业自我发展和适应外部的能力。

（二）设置切实有效的培训内容

我国目前的人力资源培训，往往都是在出现问题后进行，具有明显的滞后性。在培训内容的设计上也存在严重的误区，往往是临时治疗，没有长远的眼光。单位员工培训的目的是为了提升员工的能力和素质。因此，在培训内容的选择上应该合理化，通过培训提高员工的职业素养，将单位目标和员工的职业规划结合起来，为员工建立合理的价值取向服务。面对信息化的高速发展，单位要获得快速的发展，必须依托于与其他单位间的协作。为了更好地完善单位的培训工作，选择适合单位发展、适合员工能力提升的培训课程，就要求我们要互通有无，获得信息的融会贯通，建立合理的网络共享机制。

（三）优化考核评价机制，创新培训机制

科学合理的培训考核评价机制，可以有效地调动学员的学习积极性，增加培训的实效性。因此，考核评价应具有一定的连贯性，一方面在员工得到相关能力提高的同时，要促使员工不断地自我评价、反馈，在工作实践中不断地提升员工的综合能力。企业经营管理必不可少的因素是人力、财力、物力，人力是最具创造力，也是最具不确定性的因素，要想对于人力实行有效管理不是一个容易达成的目标。

参考文献

[1] 胡钦行 . 浅析乡村振兴背景下的农村人力资源开发 [J]. 中国市场，2019(03).

[2] 刘舒榕 . 农村人力资源开发现状及应对策略 [J]. 农村科学实验，2018(10).

[3] 任静 . 乡村振兴战略背景下农村人力资源开发困境及其解决对策 [J]. 乡村科技 ,2019(23).

[4] 邝子云 . 乡村振兴背景下农村劳动力转移分析 [J]. 经营者 ,2020(21).

[5] 李群 . 乡村振兴背景下农业经济管理的优化策略 [J]. 农家参谋 , 2021(19).

[6] 马英莲 , 罗青兰 . 乡村振兴战略背景下农村人力资源开发探析——以青海省民和回族土族自治县为例 [J]. 吉林工程技术师范学院学报 , 2021,37(09).

[7] 孙瑜 . 乡村振兴战略视野下农村人力资源开发模式探析 [J]. 农业经济 , 2021(09).

[8] 林大思 . 乡村振兴战略下农业产业发展的困境与对策 [J]. 山西农经 , 2021(17).

[9] 尹泓 . 当代乡村发展困境与乡村振兴的人才战略 [J]. 中国农业文摘 -

农业工程 ,2021,33(05).

[10] 杜智能 . 乡村振兴战略背景下农村大学生返乡就业研究 [J]. 乡村科技 , 2019(20).

[11] 丁洪福 , 战颂 , 陈岚 . 农村生源大学生助推乡村振兴的困境与路径选择研究 [J]. 农业经济 ,2019(5).

[12] 李新仓 , 党森 . 乡村振兴战略背景下大学生农村创业路径 [J]. 农业经济 , 2019(3).

[13] 曹湖云 . 乡村振兴战略下大学生村官的作用发挥研究 [J]. 创新创业理论研究与实践 ,2019(2).

[14] 钱俊 , 王庭俊 . 乡村振兴战略视野下大学生农村创业研究 [J]. 教育与职业 ,2019(1).

[15] 赵雪 , 李丽丽 . 新时期大学生在乡村振兴战略中的责任与使命 [J]. 中国报业 ,2018(22).

[16] 蔡秀玲 , 陈贵珍 . 乡村振兴与城镇化进程中城乡要素双向配置 [J]. 社会科学研究 ,2018(6).

[17] 崔红志 . 乡村振兴与精准脱贫的进展、问题与实施路径——“乡村振兴战略与精准脱贫研讨会暨第十四届全国社科农经协作网络大会”会议综述 [J]. 中国农村经济 ,2018(9).

[18] 郭珍 , 刘法威 . 内部资源整合、外部注意力竞争与乡村振兴 [J]. 吉首大

学学报 (社会科学版),2018(5).

[19] 马建富 . 乡村振兴战略实现的职业教育机会与应对策略 [J]. 中国职业技术教育 ,2018(18).

[20] 孙学立 . 农村人力资源供给视角下乡村振兴问题研究 [J]. 理论月刊 , 2018(5).

[21] 赵国军. 薪酬管理方案设计与实施. 化学工业出版社 ,2009.

[22] 孙玉斌. 薪酬设计与薪酬管理 . 电子工业出版社 ,2010.

[23] 王小刚. 企业薪酬管理最佳实践 . 中国经济出版社 ,2010.

[24] 杨光斌 . 培训与开发 . 西安交通大学出版社出版 ,2006.

[25] 刘永芳 . 管理心理学 . 清华大学出版社 ,2016.

[26] 赵曙明 . 人力资源管理理论研究现状分析 [J]. 外国经济与管理 ,2005, 27(1).

[27] 郭小龙 . 员工管理 . 企业管理出版社 ,2006.

[28] 梁惠灵 . 刍议如何加强企业人力资源培训 [J]. 中外企业家 ,2019(12).

[29] 任广斌 . 人力资源培训研究 [J]. 现代营销 (经营版),2018(10).

[30] 孙悦 . 国企人力资源培训体系存在的问题及构建思路 [J]. 人力资源, 2019(04).

[31] 高斐 . 企业人力资源培训与开发中存在的问题与对策 [J]. 商场现代化 . 2020(17).